T0309860

François Laruelle

Photo-Fiction, a Non-Standard Aesthetics

Photo-Fiction, une esthétique non-standard

translated by Drew S. Burk

Photo-Fiction, une esthétique non-standard
by François Laruelle

Translated by Drew S. Burk as
Photo-Fiction, A Non-Standard Aesthetics

First Edition

Published by Univocal
123 North 3rd Street, #202
Minneapolis, MN 55401
www.univocalpublishing.com

Thanks to François Laruelle, Anne-Françoise Schmid, Robin Mackay,
John Mullarkey, Jon Thrower, John David Ebert, Christophe Wall-Romana,
Jean-Christophe Plantin, and Meredith Wagner

Designed & Printed by Jason Wagner
Distributed by the University of Minnesota Press

ISBN 9781937561116
Library of Congress Control Number 2012914171

Photo-Fiction,
a Non-Standard Aesthetics

Photo-Fiction,
a Non-Standard Aesthetics

TABLE OF CONTENTS

PREFACE

Aesthetics, particularly since Hegel, is the claimed domination of philosophy over art by which philosophy claims to unpack its meaning, truth, and destination after the event of art's supposed death. In its least aggressive, least legislative form, philosophy describes art's figures, eras, its styles, the formal systems according to philosophy's own norms. Art, for its part, resists this enterprise and rebels.

We propose another solution that, without excluding aesthetics, no longer grants it this domination of philosophical categories over works of art, but limits it in order to focus on its transformation. It's about substituting for the conflict of art and philosophy the conjugation of their means regulated on the basis of a scientific model. We will attempt to explore the following matrix: non-aesthetics or non-standard aesthetics as the reciprocal determination of art and philosophy but indexed on an algebraic coefficient present in (quantum) physics: the "imaginary number." It requires the interpretation of this conjugation in terms of vectors and not in terms of concepts or macroscopic objects. This onto-vectoralization[1] of aesthetics deprives it of its sufficiency vis-à-vis art, but creates an artistic fiction out of aesthetics. It is a so-called "generic" extension of art to aesthetics; the moment when thought in its turn becomes a form of art. It is a new usage of their mimetic rivalry, their conflictual tradition, which is finally suspended for a common oeuvre, a new "genre." This reciprocal liberation of art and thought by the under-determination of their means is tested out here on the concept of photography, hence the concept of photo-fiction, in waiting for perhaps a music-fiction. The following essays extend the research that began in *The Concept of Non-Photography* (Bilingual Edition, Urbanomic/Sequence Press, 2011). They propose a new design for thought.

1 François Laruelle's neologism of onto-vectorial alongside vectorial can be compared with the distinction that Heidegger makes in *Being and Time* with his neologism existentiell alongside the word existential. For Heidegger, existential can be thought of in an psychological or ontic manner, while his creation of existentiell should be understood ontologically. Laruelle's distinction between the vectorial (the geometric concept of the vector) and the onto-vectorial (which gives the vector a constitutive or ontological scope) can be seen in the same way.

ART-FICTION, A NEW AESTHETIC GENRE

Why would there still be aesthetics, when *perhaps* even art no longer exists? One is in need of a Hegel to believe in this survival and to think that philosophy would mourn its demise. Art and aesthetics obviously still exist, but their relations have changed (and not merely via the digital which I won't speak about here) despite the philosophical viscosity. There is a Principle of Sufficient Aesthetics derived from the Principle of Sufficient Philosophy. It possesses internal derivatives, for example the principle of sufficient photography or a photo-centrism. I propose considering every art form in terms of principles of sufficiency and no longer in terms of descriptive or theoretical or foundational historical perspectives. To do this, one must construct non-aesthetic scenarios or duals, scenes, characters, or postures that are both conceptual and artistic and based on the formal model of a matrix. We will not start from a question, we will not ask *what is art, what is the essence of a photo?* A matrix is a mathematical mode of organization and a presentation of the data of a problem, when there are at least two heterogeneous, conceptual, and artistic data that are linked in what we will call a matrixial manner. Moreover, the matrix is ordinarily directed by philosophy and its objects, such as art, but it can also be directed differently toward generic uses or humane ends rather than toward philosophy. There is always a duality of terms or variables in any case and the matrix must be directed by the re-intervention of one of the terms as a new or third function, and it can be toward two opposite directions, either toward philosophy or indeed precisely toward photography. These scenarios, by their inventive and constructive aspects, correspond to veritable theoretical "installations." I propose an aesthetics in the form of conceptual installations of a new genre.

Aesthetics was always a carbon copy of art in philosophy and subsequently art was always understood as a deficient modality of philosophy. It is the phenomena of self-modeling of philosophy in regards to art, where philosophy finds its model in art, but a model which is philosophically preformed or pre-decided. One will not be surprised to find reciprocal projections. Their aesthetic rapport can be spoken about within the mode of lack: without art, philosophy lacks sensitivity and without philosophy, art lacks thought, but also within the mode of excess, of overlapping, of mixtures and specular reflections. Hence, labile aesthetics, of systems of compensation and exchange which goes from Plato (for whom art is excluded from thought), to Nietzsche (for whom thought must make itself an art and metaphysics, the thought of an artist), to Deleuze who tries to maintain a balance between the concept, the percept, or the affect. Taken as a whole, aesthetics is a market of theories about art supported by the art market itself.

This is to say, we disagree that this philosophical aesthetics is the lone possible theory of art, especially if it considers itself as fundamental to the works rather than being merely descriptive of the works, styles, and historical and artistic codes. Nevertheless, it is not about having a theory of art that is other than philosophical, since all theory would, in any case, include a philosophical aspect. Can aesthetics become a second power of art itself, can an art engender or determine its own aesthetics instead of suffering it as being philosophically imposed upon it? These formulations are not entirely precise for what we name photo-fiction or thought-art, which is not only the power of art to produce a form of thought that can recapture philosophy (alongside the recognized forms of thought the post-modernists wanted) but even more profoundly renewing the "thought-in-person."

Let us suppose that "aesthetics," to retain its name as such, is now of a superior power of art to thought, thought itself striving to be an art "in-the-last-instance," so an art of thought rather than a thought about art. In any case, not a meta-art but a non-aesthetic art, of a non-standard aesthetics; this would be its lone difference, a generic difference. Not a conceptual art, but a concept modeled by the art, a generic extension of art. How does one obtain a non-standard aesthetic? 1. We acquire it through a special syntactically complex process that inscribes the generic style (as does physics or the quantum). It is the previously mentioned dual matrix; 2. with a material that is extraordinarily varied in its properties, its matter, and its own syntax provided by the art-media or models; 3. subject to their already philosophical or aesthetic interpretation since so-called "art brut" is art that is already aesthetically interpreted or at least has the right to be aestheticized. It is about transforming the aesthetic utterances about art and its dimensions into a function of indexing in regard to the quantum and the algebra it mobilizes.

Non-standard aesthetics is creative and inventive and its genre is that of a philo-fiction, a philosophical artistic genre that strives to make a work with pure and abstract thought, but not to create concepts parallel to artistic works like the Spinozist Deleuze proposes (even if that was a giant step toward a non-standard aesthetics). Non-standard aesthetics is characterized overall as 1. an aesthetics, no doubt, with a conceptual materiality which is its technological or technical core; 2. equipped with an artistic and thus somewhat specific technological modeling; 3. but deprived of the Principle of Sufficient Philosophy, as a duplication of transcendence. It is indexed on Algebra rather than philosophy, tilting in a sense toward science or physics (imaginary numbers, the square root of -1).

Its extension and restrictions are both scientifically effective and meaningful but are distributed on the two phenomenal moments of the structure and not on one alone which they would share, as with any monism. The restriction is that of a dual transcendence which declines or disappears without collapsing in on itself, finitizing itself in a holistic and an non-totalizing way, for the extension is on the same side as its cause which is radicalized and infinitized. Non-standard aesthetics is not founded upon the substitution of the Principle of Sufficient Philosophy with the Principle of Sufficient Mathematics (we hardly gain anything by that sleight of hand), but upon its substitution with a mathematics that is itself decontextualized or reduced to several algebraic equations. When compared to this matrix, standard aesthetics itself appears retroactively restrained and founded upon the ultimate philosophical inclination, the double intervention of transcendence or the context of the Principle of Sufficient Philosophy, a first time as interpreting in a dominant manner its technological core of art, a second time as an index tilting this set toward its philosophical destination or confirming it or re-affirming it. We head toward art-fiction or non-standard aesthetics by weakening or lowering the invested philosophical meaning or scope, and this is done by an investment in a mathematics for physics rather than a perceptual technology despite the fact that optics shares with philosophy the honor of being an art of light, which is something not to be abandoned. It is about rendering the photographic act immanent, of interiorizing it, and rendering it real without an external realism, of destroying philosophical and perceptual sufficiency without denying the necessity for perception; taking away merely the sufficiency of the double horizon of perception and any appearance of depth. It is taking a photo with one's eyes closed, only liberating a blink or the flash of vision.

Thus, the mixtures of aesthetics are generalized and more rigorously thought within the three stages of the following formalizations: 1. a matrix that generalizes and confirms as necessary the possibility of the conjugations of art and thought instead of practicing them according to chance or according to the arbitrariness of each one of them; 2. a non-arbitrary fusion allowing for them to be generalized and to be confronted as properties, variables, or parameters of a system=X. Art-fiction is not the encounter or conjunction of two activities in themselves, nor a neutral or metaphysical thought, nor a so-called art "brut" (devoid of all transcendent interpretation), but their conjugation adjusted so as to be immanent by the concreteness of a matrix whose characteristic is to be generic or concern a subject=X capable of receiving aesthetics and art as two properties of equal status rather than predicates. It is by definition a multi-disciplinary activity and not a mono-disciplinary activity tending toward the unity of a continent assured by a dominant or imperial discipline; 3. the Fusion that remains to be determined, which is to say, that will be brought into the real. From what X, from who or what do art and philosophy become simple properties to organize with one's sights set on producing knowledge of this X? As we have said, it is thus a fusion to be indexed on the return of one of the two variables we have at our disposal, this determination is either over-determination by philosophy or under-determination by art. It is necessary that if the first case is naturally or spontaneously aesthetic, the second becomes complicated by the intervention of a supplementary element of a scientific type which is contained (explicitly or not) within the concept of art because art alone, or in its practice, can offer no conceptual resistance to the undertakings of philosophy and assure us of a knowledge which has some rigor. Even when it is intrinsically armed with mathematics, as is the case with painting and music, one must still mobilize this force in a generically productive sense, which can only be done by an explicit supplement of (non-sufficient) mathematization under its quantic and algebraic re-branding. The spontaneous contents of art in mathematization or in technology is partly a property of the thing and not of the matrix as such which works to re-brand the quantic, which is to say physics and algebra.

Thus, there are two available terms or properties but with three functions for the two terms. The first solution, that of over-determination, is standard aesthetics that moreover, as previously stated, cannot be known within its explicit or developed structure and which believes itself capable of functioning merely with the chance encounter of the two disciplines whereas it actually mobilizes them into three functions in which one of the variables enjoys a supplementary function because it is mathematically and physically re-branded. The second solution, that of non-aesthetics or art-fiction, is the generic solution which is spontaneously lesser known because it is concealed by the almighty power of aesthetics, which renders it invisible as the liberating possibility of new virtualities. The matrix is, in a way, the third term or the term-index that assures the aleatory but necessary conjugation of the two instances, without imposing on them an absolutely necessary analytic or dogmatic link. It is a link, however, that will be as rigorous as possible without forming a closed system, but at best a theory or scenario of art-thought.

The entry into this area that was formerly called "non-philosophy" imposes the formulation of a complex or conjugated vocabulary. As much to find a general title as a local one, we are practically condemned to excluding "labels" from scholarly or analytic philosophy, and find ourselves returning to the quasi-poetic processes of semantic conjugation. Must we speak of fiction, invention, and innovation as we do currently in regards to scripts or scenarios, each time starting from a different originary discipline? Or must we speak about generic sciences, about the generic art of thinking, of art-fiction? What we propose is a general theory because it conjugates several disciplines, but it is generic more specifically because it extracts the common "essence" or the genre they form without mixing (the generalization of mixes or the passage to a superior level as properties or variables destroys the style of the mixture). The passage to the generic profoundly modifies the final mode of expression of this discipline, for photo-fiction cannot be a material or visual photo, painting-fiction cannot use colors, music-fiction is made of notes like a partition, although the arts have drastically changed their classical modes of expression, and they have often done so by arbitrary mixing rather than through a rigorous process. In its most generalized sense, thought-art can be nothing more than a set of quasi-aesthetic or symbolic formulas capable of expressing, within a scenario or script, the genre most suitable to the different arts. To say that this is a return to the linguistic element is too quick and too general, simply creating an art of the expression of thought by the support of a given art functioning as a material and model. The general specifics of a generic art is to be, like philosophy and aesthetics, necessarily an art expressed by means of linguistic symbols but distinct from literature and poetry from which it may borrow certain means. Finally, art-fiction demands to be understood precisely in its complexity. It is irreducible to the fiction contained in all art and irreducible to an art of the first degree. It is not the identity but the superposition of an art and aesthetics, their fusion in so far as it is underdetermined by this art. The Hegelian malediction brought against art in the name of aesthetics can only be defeated by the decline of aesthetics within the immanence of art itself.

PHOTO-FICTION, A THEORETICAL INSTALLATION

Like an artisan, engineer, or designer, I am going to attempt to construct in front of you a so-called apparatus of photo-fiction (or at least make an attempt at projecting the diagram rather than contemplating the Idea of the photo). It is an exercise in the construction of a theoretical object, and is thus transparent, but which will function more like a black box.

What can a philosopher as such have to do with photography if he is not himself a photographer? An aesthetics of photography? In that case he would be above all a philosopher of the photo which he would try to interiorize to the concept. Another solution could perhaps be invented from concepts which I am going to use which might appear to you as a sort of mimesis of the photo, what I call the photo-fiction of thought and of writing (an interpretation that I will correct), a construction that takes photography as its model but that is itself not photographic in the technical sense.

Thus, neither photographer nor aesthetician, what am I doing here? I'm not doing aesthetics but I'm trying to build a thought that exceeds or replaces the general process of philosophical aesthetics and its descriptions. This is a practice of a quite special genre that is not completely standard or recognized. It would be a bit like an artisan, to use a Socratic example, who instead of making a bed following the ideal model of a bed he already had in his mind, got it in his head to make an Idea of the bed that would somewhat resemble the bed but which would also not be its copy, but rather a "generic" extension of the bed. Or, instead of making a camera based off of diagrams found in manuals, on the contrary had as his or her project the designing of a completely new apparatus of philo-fiction, thus capable of producing not simple photos, but photo-fictions. One must learn to distinguish between the specific types of relations of the photo and fiction within photography as an art and within photo-fiction. It is not about representing or imagining the empirical apparatus a second time, nor moreover, elucidating its ideal meaning. It's about creating a new type of object, about adding fiction to the photo according to a precise logic, without imitation or dialectics, and then elucidating this structure. This photo-fictional theoretical apparatus will be an aesthetic impossibility, a non-aestheticizable or non-philosophizable impossibility, and it is as such that it will realize a non-aesthetics of the photo. This photo-fictional apparatus is probably not made for taking pictures to put into albums or the more modern methods of viewing photos, it is made only for generating fictions that are like "theoretical captions" that eventually accompany the photos. Let us invert the Platonic relation of Ideas and the objects that copy them, let us take this object, a photo and its context of production, and treat it as a "model" in the sense of a model for an axiomatic without making another model in the Platonic sense of the paradigm since we no longer have any of them by hypothesis. Rather it is a model in the mathematical sense of a theory of the photo that is a photo-fiction or a theory-fiction.

Are we talking about creating concepts parallel to photography? Despite the existence of the two terms, it is not the parallelism of cinema/concept by the Spinozist Deleuze, which merely splits philosophy into two halves or two parallel attributes, real and thought. What photo-fiction will produce is a kind of chaos that is even more intense than the photo, perhaps as a mixture of Cubism and fractality exerted on the same conceptual material, on the basis of a special logic of what we could call an art-fiction or a non-standard aesthetics. The photo-fictions will no longer be made of firmly sealed unities closed in on themselves but will come from an algebra of the "negative quarter turn" and will be representable as configurations of vectors.

I call this gesture of creation non-aesthetics or non-standard aesthetics, its standard form being philosophical and photo-fiction being one of its non-standard objects. What is standard within aesthetics is that philosophy alone would be able to justify art attaining the real and that philosophy alone can provide its proper description. This limitation is not my problem, to use a Kantian term, but the limitation of philosophy is no longer here itself philosophical, it is made with the help of art and ultimately possesses an artistic meaning. This project seems absurd. It will no longer be absurd if we accept changing our level of reference for defining the real. Instead of treating the photo and the concept of the photo as two given and describable physical, intellectual objects or representations, we treat them as completely differently than given objects closed in on themselves. This level of reality which is no longer empirico-ideal, that liberates itself from the philosophical coupling of opposites, must render possible a new ontology and genre or generic that is obtained in declaring that the photo and its Idea cease to place themselves at the extremes of reality, that at a certain point, they must identify with each other. Thus must one say "infinitely" like Deleuze? No, this is not about identifying photographic acts within an infinite, overexposed photo, or an over-photography, a photographic body without photo like a body without organs. We are not Spinozist, Nietzschean, or Deleuzian. We would like to distinguish three more things: 1. the empirical photo exiting the apparatus with its technological conditions and its individual operator; 2. the photo-fiction where the photographer is no longer implicated as individual photographer nor a great divine photographer (cf. Leibniz) but as a quasi-universal human genre; 3. the photographic resemblance or appearance of photo-fiction, what remains between them of a possible resemblance. This plane is not that of an identification within an over-photography, but we would say of a "non-photography" obtained by a process of "superposition" taken from the quantum and which has several similarities with the optical processes of photography.

Photo-fiction in fact designates the effect of a very special apparatus that one must imagine because it is not available in any store, being more theoretical than technological. Photo-fiction is a generic extension of the photographic apparatus which is to say neutralized in its philosophical or aesthetic pretensions. We could call it a "reduced small scale model" but not the kind sold in stores. It is certainly partially "reduced" but in the sense of phenomenological reduction, not in the sense of its metric dimensions, it has lost the conditions of its fabricated metaphysical transcendence, these conditions are its matter, its geometric form, its optical and chemical efficiency, its narcissistic finality or some other finality such as, for example, its political finality. Normally a photo is supposed to resemble its photographed object or subject due to optical and chemical processes. But our new apparatus of photo-fiction is not material in the technological sense of the term and nevertheless it must assure a certain resemblance between the photo or its subject and the photo-fiction sought. It must be capable of "photographing" (if we can still use this term with a number of quotation marks since it is a discursive photography rather than visual) the artistic photo itself.

How is this new "box," which we are going to call the "matrix," constructed on the model of the empirical apparatus? We must construct a new type of concept that holds onto the means of art and its Idea (non-standard aesthetics). Here its internal operations are no longer materially or physically optical but intellectually optical. This apparatus produces a fusion as superposition (hence the effect of a special resemblance which we will see is not a metaphor) of the camera on one hand and philosophical discourse on the other, or even still of the photographer and the philosopher, a fusion achieved by and in a subject=X whom we can no longer simply classify as a photographic artist or a philosopher aesthetician. The fusion is a complex operation, for it initially implies that there is an equality of the means or forces implicated, an equality obtained by a *subtraction* of their most vast and all encompassing finalities. The philosopher, without renouncing the technique that makes up his true force, will no longer dominate the photographer in determining the meaning, truth, and artistic value of the photo. And in his turn, the photographer will not abandon the artistic and technical ability he possesses but the belief (which is actually philosophical albeit concealed) that, as an artist, he has attained the truest real. In other words, both of them will abandon the competition at the heart of their common oeuvre, photo-fiction, whose real is not that of the photo nor philosophy. "Fusion" then means that if it is the methods that are, *by subtraction* of the same genre or type, equal forces in that they are both forces having lost their auto-finalized form or their own auto-teleology (but in no way an end, form, material, or efficiency), the solution for the generic subject=X is to accumulate them, even to multiply them one by one as if they were its properties since it is capable of exerting this double activity or taking advantage of the efficiency of these two agents. Nevertheless, the equality of these two acting forces is not absolute and they are furthermore quite different in every aspect, thus the fusion will not merely be of two forces of the same type (a multiplication of two numbers entirely indifferent to each other, for example), but will be affected by what we will call a special movement of inclination (the clinamen) assuring the subtraction of forces or their under-determination in relation to their representation rather than their over-elevation and excess. The generic (and the matrix is generic), is the ensemble of these rules of functioning in which photo and fiction (a philosophy or a conceptuality) are under-determined, which is to say, deprived of their classical finality and domination.

Little by little we construct this photo-fictional apparatus using bits and parts like a camera. In reality it already exists before inventorying its parts and functions as a set or with the immanence of a machine. The photo-fictional matrix is now the concrete of the affair (non-sufficient, certainly, one is in need of the solicitations from the world), philosophy and photography are no longer anything more than its forces or parts. And it is the matrix that provides this movement of the clinamen to the subject=X and this becoming to the forces. I merely say here that the clinamen as the mark of the matrix is of a mathematic-physical essence and more precisely algebraic. Namely, it depends on what we call a complex or imaginary number (of the type square root of -1). Which is to say, it is geometrically representable by a vector, an arrow situated according to an angle that we can also call its phase. Thus, my construction model of this matrix is, as we say, technologically photographic, but its Idea or its form, its formal cause, is physics or algebra. More generally, photo-fiction is what we call a "generic" extension of the apparatus of quantum physics, an experimental apparatus constructed based on the quantum model in all its dimensions. It is the technological extension of photographic optics that exists within the quantic (production of a photo-fictional resemblance), the formal extension of its algebraic ingredient (photo-fiction as science), the extension of its material aspect (photo-fiction as a neutralized living of a certain still undetermined subject=X and of its objects), and the extension of the finality of the subject=X (the photographer-as-philosopher and the philosopher-as-photographer are nothing more than simple aspects of the subject=X).

These four dimensions of the camera (technical efficiency, form, materiality, and finality) are just as much restrictions or under-determinations defined by algebraic subtraction that forbid any supposedly full and complete determination of these four forms of causality. We could say that philosophy and photography under these four points of view are, and in a certain way remain, heterogeneous even though each one shares these four dimensions. But it is above all via their spontaneous representation that they are distinguishable from each other. So well in fact that in regards to the matrix, we could say that, in each of its four dimensions, it is less determinant than under-determinant, it is a weakened or weakening causality that removes determination from the resulting image which is more vague, more aleatory, or more undetermined in relation to the over-determination that philosophy or aesthetics produce which on the contrary are over-determined or which become overloaded.

We could ask, why should we thereby deprive ourselves of the benefits of philosophy? In reality, we are in no way whatsoever deprived of its benefits. Philosophy still serves to formulate photo-fiction and enters into it as an essential part of its materiality. We are only deprived of the excess of philosophy's pretentions of the absolute. And, in the end, this is only to protect human subjects from philosophy's sufficiency. For example, photo-fiction is efficient and produces fiction, which is to say a thought less sure of itself than philosophical discourse. It is formal and contains objectivity but a milder, non-apodictic or axiomatic form. It produces materiality but in the form of enjoyment [*jouissance*] or lived experience. In the end, photo-fiction manages the limits that humans can propose to themselves but aligns them with generic humanity rather than a narcissistic delirium of the modern individual that uses photography. Within the four dimensions, photo-fiction suspends what I would call the *Principle of Sufficient Photography* or photo-centrism.

To summarize, photo-fiction and even the photo are both matrices with dual input. The photo is an apparatus with two variables: the subject or the world and the apparatus and its technology, both of which are integral parts of the resulting photo. But what we must really consider as an indivisible whole is the "photographic posture," a conjugation of optical, perceptive, and chemical properties that can only be fully understood as those entangled, non-local properties of a generic matrix. Furthermore, photo-fiction and even the photo itself are matrices that I call inclined or situated by a redoubling of one of the variables as an index. Even the "ordinary" photo is over-determined by a second intervention on the part of philosophy or the world. This redoubling is generally unperceived. The world and philosophy are thought of as simple phenomena whereas they are redoubled and can intervene a second time as a simple object or as a superior principle or norm that creates their sufficiency. The photo (including its technological variations) is recaptured or repeated by the world. This recapturing provides a characteristic reflexive operation to photography. The photo is already a generic or philosophizing matrix in-itself, but not for itself, it does not know itself as over-determined by philosophy or as ruled by the Principle of Sufficient Photography. Within photo-fiction, however, the situation becomes clearer. The technological apparatus is replaced by a purely theoretical one which has the imaginary number as its principle. It is always confronting the world, which is to say, philosophy. This theoretical installation conjugates concepts (or philosophemes) and algebra within an indivisible and entangled whole. And this apparatus is no longer indexed or inclined toward philosophy but is mathematically repeated or re-branded, lowering the pretensions of philosophy or aesthetics without completely denying them.

There is a vast difference in the knowledge produced between the photo (nevertheless uncertain) and photo-fiction that is undetermined by principle as generically aleatory or ontologically probable. In the photo as well as in photo-fiction, images or concepts are produced (and in a certain manner they are both the same). They are either always appearances of objects or the world and thus, as far as this is concerned, there is no difference between them. But in the photo, the appearances of the world refer to the world by a realist and, in a certain way, a determinist relation (Principle of Sufficient Photography) wherein the world returns and over-determines the objective appearances and pushes one to believe in the things in themselves though they are merely representations. Whereas within photo-fiction, conceptual images remain objective appearances like those that are not experienced as objects in themselves or that have not been re-organized a second time by the cosmic order. In photo-fiction, the objective appearances are materially the same as in the photo, but they do not auto-confirm themselves according to sufficiency; photo-fiction is lived [*vécu*] as an art without any bit of realism and it is in this way that it forms an even more intense chaos by the absence of the world or of its own sufficiency.

A superposition of intentions or postural, technological and perceptive conditions is supposed to produce itself within so-called good photography while it does not function at the superposition, it gives the objective or macroscopic appearance of identity and realism, by the principle of several turns of the camera. On the other hand, the superposition is the ontological and operative principle of photo-fiction and it is for this reason that it happily fails in its desire for realism. From the superposition of the vectors or conditions of variables, the act of photo-fiction, in its precariousness, paradoxically results in an uncertainty of the expected or predicted result. The aleatory nature of the thought-photo is not due to the intervention of new factors or conditions but to the intrinsic process of the production of the expected conceptual image. It is a return to the Kierkegaardian and theatrical sense of "repetition" rather than the automaticity of repetition (with the determinist necessity it often implies) in such a way that the individual agent-subject manipulator of the apparatus merges with the general process and becomes implicated as a factor of variability defining his or her style as a quasi-photographer.

The flux of photo-fictional actions or repetitions provides the world or the subject-theme in a partial or quartile form (the quarter turn or the square root of -1) of the conceptual particle. In regards to these terms, we must try to understand them starting from the "lived experiences" of the photographer "of fictions." Photo-fiction is no longer a sketch of the phenomenological type, not even partially (as part of the body without organs) but a quartial object or clone within a photospherical transfinite flux. Having already become more quantic than mechanical, the world of the photo is now the end of realism via an excess of the real and the absence of reality, via the dissemination or quantic deconstruction of photo-centric or macroscopic entities. The photographer of art-fiction or the artist of photo-fiction definitively loses (at the very least he remains within a possible hesitation toward his subject) his realist and causal belief in the world. In particular, he experiences the political scope of the photo differently, which is no longer an instrument of enslavement of individuals to the world or to the philosophy that interpellates or represents them. He experiences the *jouissance* of the end of photo-centrism within the territory of the photograph and within an art that leads this photo-centrism toward decline. There is a moral of narcissistic servitude within the photograph in the same way there is an ethical safeguarding of humans within photo-fiction.

One final objection remains. Is photo-fiction not a metaphorical use of photography, which is to say, a linguistic idealization, conditions for the linguistic transfer of photographic acts into the sphere of philosophy? In this case, the following situation would ensue: on one hand, if philosophy is the metaphor of photography, a superior photograph of things and the world itself, this formula has an opposite side or an inversion because the photo understood in this manner would then be a deficient modality of philosophy as it has in fact already been understood. The photo is aesthetically conceived as an act of auto-modeling or auto-reduction of philosophy: the photo is merely a simulacra and not even a copy. Up against philosophy, art loses any consistency, as does the photo in relation to art. One must refuse to think in terms of the Idea and the empirical model in relation to metaphor and more generally the auto-modeling of philosophy where it ruins itself in its own contemplation and no longer plays the role of a productive force. On the other hand, the passage from the photograph to philosophy must be done via the mediation of science, of mathematical physics that will interrupt its mimetic relations and will enunciate the problem differently. Photo-fiction is indeed a theoretical universalization, and through the bias of science, of the photo, and as an art, it (photo-fiction) is a model for philo-fiction. Photo-fiction is a model which is itself no longer Platonic, but a model to the extent that an axiomatic always has models, namely, effectuations of the theory to empirical conditions. We can "generalize" all the arts within art-fictions under quantic or generic conditions. The arts retain their autonomy and consistency; they are no longer simply modalities of philosophy but precisely models that have, within philo-fictions, their autonomy via a new relation to philosophical modeling. It is a question of preserving photography as an art and not merely the photographer as a man who has perhaps his entire existence but not all his essence within the art of the photo. Photo-fiction is not at all a photographical or even a philosophical fiction; we must compare it with the terms of art-fiction and philo-fiction as well as that of science fiction. Photo-fiction is a *genre*.

AN AESTHETIC IN THE SPIRIT OF THE QUANTUM

Art-fiction is obviously not a fiction defined within the interior codes of a determined art or philosophy (thus from an aesthetic), but a fiction that is added or supplemented under very restricted conditions via the support or model of an art and its immanence. We are not proposing an aesthetic reading or a classical interpretation of aesthetics. These do exist, and they have proven themselves, so there is no need to add anything else about them. It has less to do with implanting a fiction that is simultaneously internal and external within art than with conjugating and superimposing these possibilities as two equally productive forces. The general method proposed and its "philosophy" is not structuralist but generic and quantic. Aesthetics is insufficient for exhausting all the possibilities of an art that is richer than aesthetics: thought-art as the potentiation of possibles by the depotentiation of philosophy. Aesthetics is exceeded from within by art once art conjugates itself with aesthetics. More precisely, this aesthetics that no longer corresponds to the classical norms of truth and meaning that come from philosophy is a theory that "universalizes" an art in such a way that this art and its conventional aesthetics pass together into the state of a model of an "axiomatic" type of this theory. In this inversion of the object and its equal theory, the object that is first theorized by philosophy becomes the model for the constitution of a new, more complex, theory. A discipline to be created at a second level of which the standard philosophically received aesthetics is nothing more than the first level, or in any case, the symptom, the material, and in the end, the model. The superposition of an art and its aesthetic signifies the abandoning of the Platonic model as auto-modeling of philosophy and the entrance onto the terrain of a more rigorous thought-science. Far from being a deficient, imaginative, and literary form of writing, fiction in its own way becomes a complex art, an art of interweaving disciplines as if imagination would acquire a more superior dimension of complexity by practicing an already existing art, in its form, material, and effects.

A spontaneous objection is inevitable from philosophers who, for their part, cannot get around the elementary simplicity of their conception of philosophy and do not see its doubled nature. According to them, it would be useless to want to create a supplementary art that is apparently parasitic on what already exists. The conservatives believe that the new possibilities parasitize their recognized codes and forget that non-standard aesthetics comes from the quantic superposition of art and philosophy, that the art-medium is brought to a "de-powering" [*dé-puissance*] or "de-potence" of the square root of -1, that it becomes both complex and minimal at the same time in being degreased of philosophical domination.

It is fundamental for aesthetics to follow the movements in contemporary art in the most profound manner, not in order to describe the changes under the same codes, but to import these types of changes within aesthetics itself, and to build scenarios that are themselves "theoretical installations." Instead of rehashing concepts of mimesis, we instead extend the ideal of art to the thought of art itself, obviously with a respect "within philosophy" for the new conditions of this transfer. The problem of a non-standard aesthetics or a thought-art, is to treat this semantic block as an indivisible whole, including art and thought within a holistic apparatus. The observer theory cannot remain neutral, protected by its concepts and above all its principles, and art itself cannot remain a simple object of study. It is no longer a question of a mixing [*métissage*] of art and philosophy without rules, left to the arbitrariness of taste and talent. These two poles conserve their material autonomy and local syntax, but they form an indivisible entity between each other. The inclusion of the observer in his or her object, the inventory of its effects is a quantum principle but it is difficult to implement here for two reasons. On one hand, we are dealing with an art where the relations between concept, object, pleasure, and universality (in taking the model of the judgment of taste), are only the same within the judgment of knowledge, and already contain a dose of indetermination that is not of the theoretical order and that implies a modification of the use of the quantum apparatus. On the other hand, an orientation or what we will call a generic re-branding ends in wresting this operation away from positive or quantitative physics as it is traditionally philosophized. Hence we get equation scenarios "in the spirit of the quantum." A thought-music or music-fiction in the spirit of the quantum should be possible as well as a photo-fiction along with so many other possible scenarios. To think "aesthetics" in the form of scenarios, quantically conjugating a variety of arts and philosophies, would enrich and liberate possible productive forces and would justify the existence of art not as thought, as was talked about with post-modernists, but a veritable thought-art, entirely specific and worthy of being called "contemporary." In any case, one must not only "decompartmentalize" disciplinary domains (and the arts spontaneously agree), but find positive and systematic reasons that impose this decompartmentalization and which are not content to merely follow it. We must not only conjugate these domains instead of blending them together, but know how to superpose them, thus giving ourselves the means for creating what we could call a local holism or a holism without a totality, the addition of vectors whose summations would not be self-inclusive. In the same way there is a "bad" closed totality, but also indivisible and multiple wholes, a holism without self-inclusivity, for there is also a rigid linearity and an articulated supple linearity. The creation of a genre or form of art is not reducible to the effects of the disruption of the existing arts that combine themselves in a different way. This new genre or art form cannot be left to the improvisation of history and its eras. If there is a possible veritable invention of the order of thought-art, it must be the object of a concentrated revival [*reprise*], of a decision between utopia and heresy, under the gaze of what we call futurality rather than history.

Nonetheless, a nuance must be brought to the operation of superposition and addition of the disciplinary dimensions of art and aesthetics. In the same way that the superposition is not a dominant or superior position (a philosophical act par excellence), addition is not a cumulative arithmetical operation opening straight toward calculus. These operations must be understood algebraically, based on the general model of onto-vectoriality as well as idempotence: a property supporting neither analysis nor synthesis, merely an open analysis to continue, a completed synthesis which is not closed, holistic-without-totalization, which prepares the way for the abandonment of the Principle of Sufficient Aesthetics and the theoretical constructions to which it gives rise and which immediately lead to self-enclosures. We could call it a weak addition that continues via a subtraction within the order of transcendence. This double moment can resemble the phenomenological reduction to consciousness, a back and forth movement in relation to the world. However what we have here is a unitary appearance formed from the two movements going in opposite directions like two bands or semi-bands of a Möbius strip as a topology for reversible disciplines. Quantic superposition or addition has the appearance rather of a singular and infinite band but marked with half-effaced folds that bear witness to an undone fold, a semi-addition. This undone fold that appears is the effect of subtraction assuring us of the decline of reality within and by the real. The real is an effaced reality but one which is in no way denied; it is in the position of a lived larval state. What we find added are not entire dimensions freely developing themselves in a way that geometry can perceive them, or numbers inscribed in the heavens of arithmetic, but sub-dimensions which have the property of traversing the glass ceiling of reality, or better still the tunnel which they constitute by themselves. These sub-dimensions of thought-art (and photo-fiction) are by their constitution as folds, semi-effaced by an unfolding. They are impossibilities of representation and even incompossible with it. Folding, unfolding, and refolding, cannot be an infinite *Möbian* activity, we must know how to stop at the unfolding that conserves a trace of the fold. Rather than a topology of the double band that crisscrosses, making a loop and by alternating recomposes the form of the object as a dotted outline, it is a unilateral or transfinite complementarity associating the strip that ascends from below with the cutting of the object, traversing it like a tunnel before eventually returning back on itself after twisting itself and sinking into appearance. However a unilateral complementarity is not an absolute impossibility but a radical one, it is an incompossibility, a non-Möbius strip except for what it gives into appearance. These half-effaced folds are like tunnels of an immanence that passed through itself. These vectors that ascend from below reality do not emerge, properly speaking, "above it" in order to overlook it and constitute another world. They constitute the new face of reality itself. They continue by wedding themselves as close as possible to it, borrowing it or folding themselves onto it in order to throw themselves in the opposite direction like a river at the instant of its stoppage, at its own source, like a sub-arrival, turning back on itself in order to form the appearance of a source.

It's important not to become the definitive victim of the inevitable appearance of the thing-in-itself or of the object in front of a subject, with the dialectics that traverse this illusion. It is easy to believe in the reconstitution of the object, of the theory, or the area of self-inclusivity, as if the sufficient transcendence of philosophy returned to grasp the real and its onto-vectoriality. The complete synthesis and analysis (in so far as philosophy has them play against objects) is rightly incomplete, partly in being real, but also in carrying the appearance of completion within another part of themselves making them believe that they have passed the horizon line (and the real along with them), and thus find themselves behind this horizon for a new in-itself. There is the immanent ascender, of onto-vectorial insurrection which does not, properly speaking, transcend from itself and is not consumed as an object or as an in-itself. The real does not confuse itself with reality, rather it engenders the knowledge of this appearance. It is unclear whether we are dealing with the horizon line and its reverse side (as the phenomenologists who are obsessed with perception claim). Unless of course we conceive of the horizon line as pierced along its entire length by a tunnel through which the real circulates or more precisely is.

PHOTO WITH THE EYES HALF-CLOSED

Photo-fiction is certainly not an eye equipped with an apparatus reducible to a technology. It is comprised of technology and lived experience [*du vécu*] but also of the concept and algebra disposed to differentiated places, for example whole numbers that are opened up or fragmented. Photo-fiction cannot be reduced to the photographic act or the taking of a photo that is simply commented upon or provided with some sort of caption. It is a thought that builds itself off the photo without being its metaphor, but which is nonetheless a fiction and an attempt at a generic science of the world. Technology was already an analysis and reconstruction of perception, already an artificial perception that is not yet quantic but which is capable of a quantification.

Let us extend this experience in the form of an experiment within a matrix that imitates the photographic apparatus and what it hides or houses within its entrails, an experimental dispositive of the transformation of the most intellectual of perceptions that must abandon its machinery and determinism. We will not turn technology into a subject in order to allow it to replace the psychological subject, for the photo undergoes an extension as a matrix for a flux of clones which are images of a new type sub-determining a generic subject=X. Here the matrix is the conjugation of two conceptual variables: first the philosophical variable of the world, including the technological dispositive and its agent implicated in the indivisible sum, and on the other hand the quantic variable (its conceptual principles and its imaginary number). These are properties that can be canonically conjugated from the photo-system (the act and the lived experience), technological or optical mediation being relegated to the state of a model. Together they once again form products indexed on the quantic or the noted impossible real within the square root of -1 which superposes with itself like a wave or force of vision traversing the matrix.

What happens in the process between the preparation of the experience and the "finished" product of photo-fiction can apparently be understood or reduced to technology and optics with identifiable pathways and trajectories. But from one to the other, once we find ourselves within photo-fiction, there is a new type of aleatory and imaginary, of the onto-vectorial kind. The matrix obviously borrows from the camera (including it as a model and agent), but by carrying out quite a different process via a generic extension, it definitively does away with it as a dominant model of perception, extension or technological enhancement. The generic extension is such a small prosthetic enhancement that it ends in distinguishing between the photo and painting for which photo-fiction is not a degraded substitute. The concept of the non-photo is a theoretical experience of a sensibility that is more complex than its technological components.

This time it exceeds the philosophy of the photo and pushes the imaginary beyond imagination, beyond its macroscopic and perceptual conception.

The style of photo-fiction is taking a photo with one's eyes closed, on the condition that one admits they are closed, which is to say they had been open and more precisely, they are half-closed, the beating of eyelids by which we take excessive measure of the world and through which we master the intensity of its hallucinatory aspect: neither wide open nor automatically closing themselves as with a camera or robotic photographer. Within this hesitation, we do not see the Nietzschean "wink" (a residue of reversibility of the clever gaze of the philosopher), but rather the root of the fluttering perception of an object in a manner that its quantum can explain. In the struggle against modern photo-centrism and its ideology, we must assert the photo as a flux of immanence traversing the world, developing it in a myriad of "quartial" sketches. Multiplying photos to infinity is not an argument against the immanence of the operation.

Photography as merchandise already has its own theology. Itself spontaneously mystical precisely because, being so open to the world, it can only imagine a photography with one's eyes closed, which dialectically obliges us to reaffirm the absolute sight that recloses the eyelids. Thus, a photo with one's "eyes closed" (Michel Henry) would be rather a modern mysticism for the world itself, not yet a human or liberating mysticism. As for photo-fiction, it is not a mysticism separated from photography but a unilateral semi-mysticism which only needs the world in order to fight against the realism and determinism for which it is responsible and in such a way that the transcendental phenomenological means and a body equipped with prosthetics provide us with the illustration. It moves away from the duality of body/Other, where the apparatus as a body serves as a tool for mediation, toward the matrix as mediated-without-mediation. The true point of rupture of the circle of photo-logical difference is not the Other of the philosophical or analytical type, but the generic matrix that reduces the conditions or givens of photography to the state of properties of a generic-subject=X capable of holding together philosophy, the quantic, and photography.

UNFOLDING LIGHTNING, DECONSTRUCTION OF THE LOGO-PHOTO-CENTRIC FLASH

An essay on photography and photo-fiction can only follow parallel aesthetic and philosophical goals. The photo creates the event and is itself nothing but an event, from whence we get the risk of the vicious circle that is the element of journalism. It is not enough to take the event in a massive and macroscopic manner as it gives of itself and then examines its consequences and presuppositions. The flash of Logos, of the event or axiomatic decision is the Greek model of thought, its circularity, merely differed, effectively its two strips crossed in the interior form of a figure eight and even if the topology arrives in order to form the whole of the subject of the circle of philosophy; at best the flash is the philosophical equivalent of macroscopic physics. A deconstruction of the philosophical flash is necessary as well as the deconstruction of the absolute fact of reason or the factum, because the flash of logos and the rational factum are the same structure. Yet these doublets at the worst, these "arrivals" (Heidegger) at best, are philosophically considered as completed and closed by Being or "metaphysics," they are negatively and not positively thought as effects of onto-vectorial insurrection. There is a science of the event and the flash that the Modernists, who practiced and invoked them, gave as ready-made or which they brought back as a starting point, and this science is physics rather than mathematics. We generic humans only inhabit the lightning flash for as long as we can think it. As this analysis has not been done, we had to complete it by the analysis of the conditions of decision and pursue the distant storms that continue to trouble the sky of thought.

The Modernists define the event via two models: the intuitive model of the lightning flash and the philosophical or mathematical model of self-belonging [*auto-appartenance*]. Flash, cut, real effect, impossible or invisible, withdrawal, event and self-belonging, copy and simulacrum, these are all intuitive categories of this phenomenon, the singularities of light in the general form of the corpuscular self-position or self-belonging of the event. Philosophy is the technological and moral exploitation, albeit macroscopic, of light in the state of reflection and (quantum) decoherence, an undulatory and corpuscular mixture in the form of a flash. A lot of these phenomena moreover mix both aspects into a physically ambiguous vision. For example, Spinoza and his disciple Deleuze have the sense of the undulatory and the composition of forces of a body, but in the end they understand them as a power of the body as a One-All expressing the ontological proof as its essence and thus return to the macroscopic and substantial body.

From this point of view, photography is the Modernist art par excellence, logo-photo-centric, but photo-fiction is precisely the passage from an exemplarily modern aesthetics to a contemporary and inventive aesthetics that conjugates the arts and unfolds them onto-vectorially. A quantum deconstruction is possible of the event as self-belonging of the lightning flash and its withdrawal. Let's unfold the figure of the flash and the theology that accompanies it from the first emergence or without origin if not void to which its precipitation gives rise, let's unfold the thrust [*le jet*] in its onto-vectoriality. What is self-belonging if it has the form of the flash, if the flash has the sense of a self-belonging?

In philosophy considered as Greek thought, the most profound prejudice is that the vector or the photon stream is understood as a flash closing in on itself, like the withdrawal of the particle [*corpuscule*] or rational light of a substance, the Logos that does not spread itself out to the particulate state of self-belonging, the flash isolating itself as in deterministic or particle physics that would fold the stream in on itself. We are dealing with the thematic of folding in on oneself or of self-involvement, more generally the theme of withdrawal like that used to found Greek "intuitionism" (Michel Henry) which is to say, it is macroscopic. The withdrawal gives rise to an internal dialectic of light between being and Being, hence we get philosophy exiting the game as master of ontic-ontological Difference.

If the flash is the archi-originary metaphor of the event of Logos, it still must serve as the model of Heideggerian withdrawal as advanced (of being on Being) -and-withdrawal (of being) into itself outside the visibility of Being as dis-enclosure of Being accompanying the enclosure of being. These Heideggerian variations have significantly sought out this structure of the flash without quantically unfolding it, which is to say onto-vectorially, without perhaps rendering it as positively as Heidegger would have wished (who put it in closer approximation with a dialectics).

Phenomenologically, the withdrawal of the flash merges with its sudden appearance, with the release of a swarm of protons, the emission of a burst of light. The lightning flash has the form of a break with the milieu precisely by turning in on itself, its introspection. The flash has the form of the autonomization of the burst of light returning to itself and in doing so, demonstrating even better the burst that it was. This fading that marks the completion of a circle signals the birth of light *ex nihilo* as if the flash was the demonstration that there is light that moves faster than itself and which can deploy itself via its own self generation. We will compare the sudden emergence of an axiom with the presence of the lightning flash already folded in on itself. The axiom is a trace of language that also seems to come out of the void because as a burst, it has already reflected itself upon the cosmic wall and traveled this space that it fills as empty, a trace in which it does not cease to return to and create as appearance of the void. Philosophers are fascinated by the flash to which in the best of cases they return in the deployed forms of Logos and Reason. They do not stop short-circuiting thought and accelerating its transcendental velocity. But this fading of light turning back on itself proves but one thing: a desire to return to its corpuscular state, a completely macroscopic fetal nostalgia.

What philosophers call the flash of Logos is what they perceive in the mirror of the world, but in no way what they truly detect on the screen of theory. The philosophical flash of light and its auto-appearance create or carve out a void that is intrinsically structured in doublets.

All philosophy is founded upon the confusion of the mirror that produces doubles and the screen that detects clones or particles. As humans-in-the-world, we arrive too late to assist in the creation of light, we only assist in its birth, having already withdrawn itself, leaving us with the corpuscular confusion of the flash with a particle, the flash being the veritable immanental appearance where the onto-vectorial process contracts into macroscopic appearance. We live off its lost memory. We perceive it as having seen it and lost it. We do this so well that it seems to shoot out of the void where the burst of light has already returned. We understand that the Great Photographer is the creator of eternal truths from which his understanding flickers; God is realist all the way to the end of his photographic apparatus for he is the least quantic of physicists.

Rather than a fascination with the Logos, which always seems to have been there, already self reflected [*réfléchi en soi*] or already withdrawn, we assert an onto-vectorial ascender that is no longer especially Greek and allows us to unpack the event that is closed in on itself and the auto-appearance turned macroscopic or (quantically) "decoherent." Contrary to the lightning flash, the vector departs from a point of origin that is not the void or the backdrop of the sky but from another vector, otherwise the vector would form a Whole, to a greater extent than the instrumental circuit of reference. The vector is merely in the state of addition or superposition, of a local and temporary summation. The "all" is simple in structure rather than local, it's a partial summation, a non-all, not a re-doubled over-all [*sur-tout*] and completed, but rather a non-closed sum of vectors. This physiognomy of the vector is algebraically formulable, the index assuring its withdrawal with macroscopic representation as well as its special logic which is that of the imaginary number rather than the Other in general which is still too close to theology.

The "pure" ascender is uni-lateral, a rising that is not toward another given term or a being in good and due form, but for another vector that is equally completed but closed, and whose "incompleteness" liberates the possibility of another vector. The ascender is the initial form of uni-laterality, of the uni-laterary face of the vector. We combat the bipolar correlation destined for a third term via an imperfect relation once again called "unilateral." This imperfect unilateral relation conjugates a certain exteriority of relations, to which the possible or predicted vector bears witness, with an interiority and immanence of relations as unilations. The lightning flash of the event is in reality unifacial. It's the insurrection or uprising [*le soulèvement*] of the lightning flash and not the resurrection *ex nihilo* but the insurrection *ex mundo*.

The problem is then that of the addition or integration to this process of macroscopic data that make a doublet, they add themselves to the immanence of the flux, and like the particle take on the nature of the vector. The flux appears retroactively following the addition or the revival as double sided but as it is in essence one-sided, Stranger-subject, or noema, it assumes this particle and at the same time diminishes its ontological density or simplifies the doublet into a clone. The undulatory upheaval, in its insurrectional essence has, as an effect, the decline of determinism and the realism of corpuscular transcendence, the end of metaphysical determinism and the arrival of an indetermination or of a generic "probability" that is expressed negatively as a simplification or diminution, subtraction, and decline. The essence of onto-vectoriality is attained retroactively within the variables themselves as properties of the lived [*vécu*] in algebraic form, the latter not being the auto-appearance which only has meaning within sets. Generic man as an onto-vectoralized subject is a superimposed flux of vectors or imaginary numbers. As the variables are within the generic matrix of concepts and principles, it is difficult to speak of an imaginary *number*, but of an imaginary function or complex of concepts, even though numbers can be understood in a biblical sense and can be expressed as a physics of concepts.

The quantic model works via a futural retroactivity, it pre-shapes the virtuality that inspires the overall functioning of the matrix to its nearest occasional repetition [*à sa reprise occasionnelle près*]. The model comes to shatter the macroscopic schema of the doublet and introduces another schema that is messianic and christic in "quartialising," according to the negative quarter turn, the circle of time or eternity. A quasi-Judaic dimension is reintroduced in a weak and non authoritarian mode without giving rise once again to the eternal return of the same that is their fusion within the circle, whereas a fusion of the circle and diachrony is necessary but under-determined by the latter. It is futurality in its messianic dimension. Generic science with its retroactivity and necessity of an occasional revision [*reprise*] is the unequal, uneven, or unilateral incision of history, the incessant insertion of the instant within the flux of history. Neither the pure and perfect circularity of the Greeks nor the transcendent messianicity of Judaism because transcendence, whether substantial or Judaically formal, has been eliminated for the benefit of the insurrectional ascender and its law which is that of superposition. We will compare the Heraclitean lightning flash and the Jewish messianism which are both types of mythic arrival proper to the West and to which the quantic comes to bring a different sense, less in relation to the world as determinate, the sense of a sub-arrival which no doubt has more of an affinity with the insurrectional resurrection of Christ.

We can also pose the problem of the photographic flash and the axiomatic flash in another manner: what is the minimal duality concealed within an origin or beginning, since one must have two instances in order to think, at least a term and a relation? If there are two points, there is at least a theory of points. Our model is also this situation of departure, of waves and particles, the waves would have to double themselves or interfere with themselves or the interference would have to replace the third term of the transcendental structures.

We only know beginnings of any thought whatsoever by their most exterior envelope, be it philosophical or scientific. Philosophical decision, lightning or infinite flash in the state of rupture with things and co-belonging with self, is also an auto-foundation, place as foundation. The positive or scientific beginning is more a theoretical or experimental closure or pregnancy that is completed if not closed. The philosophical turns around itself as subject and gets lost in infinity, the scientific is of the order of incision. And yet, generic science adds to these two types of beginnings a new prior-to-primary condition: *the generic is not the beginning but the element of beginning*. The generic process is neither positive like pregnancy nor decisional like philosophy or the event, which both cut relations in a brutally modern manner. This is not the case for the generic which makes of relation a uni-lation and supports our introduction of a new term for it. Scientific pregnancy isolates a system, whereas philosophical decision isolates itself at the heart of tradition or else reestablishes one. The generic is neither pregnant nor a foundation. It also isolates but does so without cutting all the relations. Conversely, let's say it unilateralizes them. The dogmatic philosopher assures that one must immediately begin in and by science, or proceed by an axiomatic cut in forgetting philosophy as one forgets history in order to think the event. For example, the philosopher identifies the mathematical condition for philosophy with the prior-to-primary element [*l'élément avant-premier*]. The philosopher practices forgetting, this is the spontaneitism of philosophy. Generic understanding does not confuse itself with its conditions, of which it is not at all a reflection. Such understanding is both process and matrix, the true beginning that has never begun or commenced, the *prior-to-primary element.* There is an element rather than a general condition, such as a set theory or the immediate combination of two disciplinary spontaneities, that are just as much forgettings. Philosophical infinitude and scientific closure find themselves conjugated within the generic element as transfinite. The matrix is a process of unilateral complementarity, not a fact gathering itself up into an auto-position, and it must explain its flash of self-belonging in a scientific way, and not merely by its tracing [*décalque*]. Self-belonging (it is not idempotence, that is itself a sliding onto itself, or "in-itself") and the event are the mirror of each other. This relationship is a metaphor or mathematical image of the event. So it is that the event is the unilateral ascender merging with the bilaterality of completed transcendence that has already transcended toward the Other or toward the Object/Being and which in one sense has already turned back on itself. Within the unilateral transfinite, philosophical infinity is in reality already macroscopic and is lowered or reduced to its generic conditions. The transfinite is the ordinary infinite and given to modesty, it traverses and assumes infinite transcendences, doubling or di-verging like waves in disorder who refuse to interfere. The generic presupposes itself without positing itself, it is its own futurality, it is prior-to-primary, and elucidates itself or transforms itself with the help of its materials. It is the science of the philosophical and helps itself via the positive flash of science developed as light of the quantum.

EXITING THE LOGO-PHOTO-CENTRIC MODEL OR STANDARD

Ontologically ambiguous, between language and light, we have the twin births of philosophy and photography. Photocentrism and Logocentrism are two possible presentations of philosophy. From here we find tensions between interpretations of photography as with any aesthetic object. Philosophy is too idealistic for the photo and accentuates its linguistic aspects rather than its luminary aspects. Why are the flash and light so little discussed in regards to the photo? Too often the photo is interpreted starting from language or semiotics, or indeed the image, which is to say from the residue of light instead of starting from the flash and its materiality. Via the photo we are nevertheless still Greek, in the state of representing the world, through the highest and lowest entities. Perhaps it is philosophy as Greek pathos that returns, after the irruption of Judaism into philosophy, by the technology of light and its distribution but this aspect is not yet theoretically dominant within philosophy itself. Philosophy is also too materialistic for the photo, redirecting it toward the model of perception and world affairs.

Light is hardly graspable conceptually speaking, it barely has any apparent support, more abstract than perception, more holistic and enveloping than language which is segmented, more fleeting than the phenomenologically immobile earth. But as soon as the photo is philosophically or perceptively thought, it is reflected upon the cosmic mirror or wall and shines the change in its nature. The theory of light is perplexed in this reversibility and by the mirror of the world, hence causality as determinism or realism. Consequences: 1. indifference of the logo-photo-centric difference that oscillates between the philosophy of the photograph and philosophy as photography of the world, within this blending, philosophy and the photo contaminate each other; 2. it is a spontaneously generic art but in a negative sense measured starting from extreme philosophical criteria or parameters, and whose type of universality must be positively reevaluated in a more immanent manner. Its genericity has been poorly understood as a degradation or a grey art bound for the archives, albums, and portfolios (cf. "grey literature"). The photo is or has been considered (sociologically speaking) a low art, average, and devalued. Its genericity is ambiguous. As an art, it is not necessarily "average" or "minor," an art that has become "common" to the point of being a middle class pastime. The photo seems flat or reproducible and simple. It is the search for simple transcendence as macroscopic, not to mention the lowest level of the photo-booth. Photography is spontaneously understood in Platonic terms as extreme mimesis, copy of the copy, separated from the Idea by a wide ontological difference and yet a small difference in appearance.

It is possible to bounce back from this philosophical genericity of degradation. We will put forth, contrary to the indecisive mix that believes itself capable of resolving all its problems by a mechanical decision between subject and object, another form that is no longer that of difference but of the indivisible conjugation of the camera apparatus and the world: photo-fiction. One must treat philosophy in a complex manner as a photographic variable thought via the quantum and no longer merely photography thought via philosophy. The quantum is the re-branding that weighs on the conjugations of the variables. We go from photography to non-philosophy in changing levels or in passing from the photo-logo-centric context to its variables. The reduction of the Principle of Sufficient Photography is firstly created by mathematical physics, but it is a fiction, not a materialist reduction of philosophy.

The standard model has an important topological and psychoanalytical variant. It combines, with its axis on the topology of the subject/Other, physics, optics, and mathematics, introducing from an exteriority in relation to the supposedly original images of perception, a real that eksists in relation to perception, in external inclusion or in internal exclusion. Classically, we have the choice between subject/Other and Other/subject, a syntax or relation that is indefinitely reflected in-itself, it is in the end the philosopher as photographer of him or herself, or as logo-photocentric circle, the Principle of Sufficient Photo-philosophy. Lacan had wanted to escape this circle in positing an Other to which the photographer addresses him or herself and which sends back to him or her the inverted photo. But here we remain within the viewpoint of the subject and bipolarity. It's the matrix of Merleau-Ponty and Lacan, the axis of the subject/object-other with reversibility. Philosophy and psychoanalysis give back an image that "resembles" the one from the point of departure, which is to say, they make the interior and exterior communicate. A model of mixed optical and linguistic interpretation, via the bias of Möbian topology. The classic problem of the Subject and the Other where the photo comes back to me turned around. To photograph an object is to address the big Other that either validates or not, my undertaking. So it is that the philosophical flash is deployed as technology of the photo and this time being more closely related to science and technology, but still under the final authority if not of perception then at least of redoubled philosophical transcendence.

How does one prepare for exiting outside of the standard model? Let us suppose man is a rational animal, for example, as a photographing animal and thus capable of photographing himself with the turning of the world [*au détour du monde*]. This entity is photo-centrism whose famous "*arroseur arosé*"[2] provides the paradigm. Let us suppose, in an even more complex manner, that this photographing and photographed subject is not merely split into two individuals. That the subject is the human genre, an indivisible generic subject=X capable of undertaking these two activities, having two properties or predicates, to be a subject and moreover to be a photographer. The complete act of photography is thus a subject=X having two variables or properties that it still conjugates without us knowing how

2 *L'Arroseur arosé* or *The Sprinkler Sprinkled* is a well-known silent film by Louis Lumière first screened in 1895.

it does so. It is the manipulating or preparatory agent and at the same time is intimately included within the system of the photo, within the photographed world, an observed observer inseparable from what it observes and which belongs to the same system. Suddenly, we pass from the photo-world to photo-fiction. How? In treating in a speculative manner the photo as a matrix, a subjective and indivisible machine with two (and not merely one) unique points of entry, in which the photographing apparatus is included as a variable within the achieved or completed act. To photograph is no longer a predicate of rational man but a simple property of the genre=X.

The photo is traditionally understood as a distant remainder of rational Logos, of light philosophically conceived as variously shared between two sources: the exterior light of things and the interior light of the eye. But this remainder no longer has the status of a logical predicate for us; it refers to two properties: 1. to be a subject; 2. to be a subject capable of photographing. In effect, since man is photographing and photographed, we must distinguish, dissociate, render incommunicable, on one hand the generic searched after subject=X, which is neither the subject nor the object of photography but a "non-photographer," albeit not in an absolute sense of the term, and on the other hand, that of the "same" but not identical. That is, a subject capable of being both the photographing-photographed subject capable of supporting this double subjectivity and incapable of forming two from its properties. It remains at the stage of the chiasm of the *voyant-visible* of Merleau-Ponty if even we do not know very well who thinks it or sees it and from where. The risk is thus to understand this matrix as auto-photography, whose chiasm of flesh is not too far off from the bipolar structure crisscrossed within the interior of philosophy playing the role of the third enveloped term in the universal and auto-engulfing context. To put it another way, the doubling of the subject into the photographing and the photographed is still too weak. There are two subjects, the generic=X and the individual, and two possible properties linked to the act of photographing which are necessary in order to determine the X as much as it is possible to do so. We have abandoned the logo-photo-centric paradigm for photo-fiction.

An "active" or productive interpretation of aesthetics would consist in providing a generic dimension to photography and would exit the standard model, not in order to make it bigger in a macroscopic and theological manner, but quite the contrary, to make a generic extension of it that would be microscopic and quantic. Not to lower still the positive of the photo but its philosophical projection, to pass from the positive photo to photo-fiction, from the philosophical internal/external to generic unilateral complementarity. The contradictions of photo-centrism between subject and object, subject and other, language and light, can be resolved or displaced, whatever division may be invoked, but it cannot be done dialectically, only quantically. The quantic supposes privileging the flash or light aspect with recourse to physics and algebra, and not merely to language and topology.

It takes quite an effort to render the photographic act immanent, to interiorize it, and to render it real without an external determinism or realism. One must destroy philosophical and perceptual sufficiency without denying the necessity of perception, merely taking away the sufficiency of the double horizon and any appearances of depth. In order to resolve this contradiction between subject and object, one must have a new superior objectification that begins taking "photography" as an indivisible whole with its two complimentary poles, and one must strive to find a principle of knowledge [*connaissance*] of this whole that is not dialectical. There is a real and a syntax of this indivisible whole and they are of the quantum order. The generic photo is ethically people-oriented [*éthiquement orientée-hommes*], in service of their defense, and passes from the positive photo, devoted to narcissism of the world to the generic photo which is not that of subjects but rather objects. The generic photo is a practical difference forbidding the infinite aspects from communicating or switching with finite aspects that make up humanity.

THE GENERIC EXTENSION OF THE PHOTO AS MATRIX-FICTION

Photo-fiction is not a technological and perceptual act of photographing but a theoretical act "miming" the material act but which is irreducible to it. The matrix of fiction is more complex than that of a "simple" photo, for it brings into play another variable which in the end rightly makes a scientific operation out of the photo that is quantum-oriented. Photo-fiction is a certain extension or generalization called generic of the material or "simple" photo. It is founded on a certain functional similarity, namely a more or less divisible mediation according to a similarity between the camera and the generic matrix, and in regards to a certain more or less "imaginary" alterity of this mediation for the photo in relation to perception, and for photo-fiction in relation to philosophy. The general principle of the photo is the fusion (indivisibility) of the subject-world and the technological apparatus that together produce a common oeuvre, the photo, but a fusion that is over-determined either by the world or its philosophical form which returns a second time in the form of an initial division, nevertheless still simultaneously affecting the indivisible fusion. The principle of photo-fiction is the fusion (indivisibility) of the subject-world (=philosophy) and of an algebraic (the imaginary number) and theoretical apparatus, that produce a common oeuvre that is photo-fiction but a fusion which is this time under-determined by the theoretical apparatus that returns a second time and does not, properly speaking, redivide the fusion but displaces the beginning of division or duality. Photo-fiction erases this initial duality or transforms it into the indivisibility of a unilateral complementarity.

In shifting its position, the imaginary number corresponds to what Lacan calls the Real or the Other and which ek-sists externally to mathematics or to mathematical language but nevertheless is created by it. Here it is algebra that "ek-sists" (if we can put it that way) in relation to the arithmetical "real." The Other, which thus ek-sists as impossible, is not the impossible of/from language nor the necessary of language or its formalization, but that which is impossible within these two registers or which dominates this opposition. The Real is in-itself and is not expressed by, but in and of itself.

The quantum-oriented photo makes the call to the Other function differently, in giving it precise and mathematical content and by inscribing it within the matrix as a variable *and* an index, and thus complicating its functions. There is however a feedback that recalls the recurrence or inverted return of our discourse in regards to the Other. The problem will then be that of the dual inversion of the inverted products and their identity as appearance of resemblance between photo-fiction and the conceptual or philosophical world in which it engages itself. The Principle of Sufficient Photography or Sufficient Philosophy, by which the photo is always in the end reducible to philosophy or the world, can only be defeated if thought changes context and frees itself from the philosophical context as auto-encompassing and only from this perspective, only if thought can separate itself, as intellectual photography, from philosophy as the divine and Platonic photo made within the all-topological or auto-topological mirror of sufficient mathematics. It is about making a variable or property out of a subject=X that will no longer be a philosophical subject as absolute subjectivity but as a generic and quantic matrix. Philosophy and technology must become variables of the system=X as generic and not as philosophico-technological or techno-scientific, but as conjugating philosopheme and matheme which are thus no longer sufficient contexts but parameters. In reality, photography is a cut into a supposedly accepted philosophical and auto-encompassing envelope, whereas the generic matrix is unified by a genre as a degree of relevance and which puts an end to the determinism of relations between the apparatus, the photo, and aesthetics.

How is the photo-fictional matrix organized, the thought-photo apparatus [*l'appareil à penser-photo*]? The experimental act of photographing that is its postural model can at best acknowledge an interpretation and a vectorial preparation (implied as already being implicitly, if not thematically, onto-vectorial), the organization is an operation on the world and being-in-the-world. But fiction ends in transforming or reproducing it in another way by creating a photo-fiction, supposing that the apparatus is now no longer intersubjective but generic and whose variables are the philosophical and quantic interpretation of the photo. Thus onto-vectorality can also be expressed vectorially [*vectoriellement*] from the simple photo as in *The Concept of Non-photography*, but it is an interpretation that anticipates the vectoral direction. The onto-vectorial is a more complex reading of the vectorial of the photo [*vectoriel de la photo*], or gives way to an onto-vectorial interpretation of photography as model. In any case one goes from the optical or technological interpretation of the photo to the quantic interpretation (no longer merely technological) as photo-fiction and vice-versa. The photographic preparation is positional and technological and therefore must be able to be interpreted in terms of vectors. These take the shape of geometrical, postural, relational, positional variables within the space of the world, in supposing that everything in these variables is first of all interpretable in terms of the world and being-in-the-world (or if you will, philosophy) and at the very least in terms of the horizon of perception.

The problem of having another variable (a scientific or quantic variable) next to philosophy or phenomenology in order to define photo-fiction is inevitable. The matrix of fiction requires at least two variables in order to break down the appearance of unity, of unitary determinism and reality that are ordinary art and knowledge. One must have two variables in order to calculate their products, such that the quantum returns twice, once as a variable and a second time as index or re-branding [*re-marque*]. This index orients the fictional matrix toward that which, by its superposition, creates the generic equivalent of reflective consciousness and produces knowledge or an indeterminate fiction, that in the end is translated not into numbers but into philosophemes. And here we have the variables of the subject=X of photo-fiction, variables endowed with a complex number that defines them as vectors and as a magnitude of probability. The two variables, science and philosophy, seem able to express themselves together from the *same object*, from the man or subject=X of philosophy and science, but the matrix dissolves this appearance of transcendent unity when it comes to the generic object.

In philosophy and its aesthetics, even the simplest of photographic acts has the tendency of being described (despite nuances and certain reserves) as being closed in on itself, turned back on itself, or considers itself completed, distinct, or discontinuous. Philosophical aesthetics is descriptive, it is not productive from its own object. On the other hand, photo-fiction interprets the photographic act as a vector or an arrow rather than closing back in on itself. In each photo-fiction, there is indeed a summation of actions by vectors, but these actions are themselves summations of vectors. Hence we have vector structure open to a phase and floating. With the photo-matrix there is a continuous flux of visions or "views," each one of its photographic shots [*prises*] must stop or terminate the process and start fresh once more, whereas it is merely an activity of "renewal" [*reprise*] in function of a variation of spatial and worldly conditions of the capture which are merely occasional conditions (and not decisive) for defining the activity of photo-fiction.

For the second variable of photo-fiction, either we treat the quantic principles as imaginary concepts or as philosophemes of a conceptual origin related to quantum theory, but generically isolated and treated as "imaginary numbers" with the sole difference here being that "concepts" replace "numbers." Everything that is a number must be capable of being expressed within the variable in the form of a philosopheme, even the quarter turn or imaginary number, because the philosophical subsists as concepts which serve as supports or representations. As for the imaginary number which this time affects mathematically, must we translate it as well into philosophemes? This is what is done in *Philosophie Non-standard* where the index and its generic effects are translated into philosophemes, and yet are all captured as particles within the undulatory stream.

THE AESTHETIC INSURRECTION AND THE GENERIC EXTENSION OF KANTIAN AESTHETICS

The onto-vectorial insurrection is an immanent and idempotent ascender of passivity and not a direct or mechanical action on the dual transcendence of philosophy as Being-being. The insurrection manifests itself by an effect of heteronomous subtraction, heteronomous precisely via its immanence, on corpuscular transcendence. The subtraction does not then bear on the onto-vectorial ascender who has no why or reason, but bears indeed on the complex structure of transcendence, which, reduced as simple, is subtracted from its double. The subtractor is not absolute, it would risk turning into an auto-subtractor, it is radical.

In photo-fiction, all the language used (which is of a photo-centric origin) becomes impossible or unintelligible not due to the excess or surreptitious over-determination by the world, but because of an under-determinant or subtractive usage by a higher language of philosophy that has become ordinary language, having lost its most esoteric and sublime sense. The human is prone to excess but without excedance, prone to a generic or "ordinary insurrection," an insurrection that is not necessarily "revolutionary." The photo is a poor simulation of the world, the most brilliant and the most excessive, an insurrection that lowers dominations. We must immediately under-practice language, understanding, and enunciation of the photo. It is a practice that is close to that of psychoanalysis but oriented differently, coming from the future like a generic unconscious, and not from the past. From here we get a futural psychoanalysis, that which produces or acquires an unconscious contrary to that of the innate or religious unconscious of Judaism, an acquired or generic unconscious. To under-practice [*sous-pratiquer*] philosophical language, indeed to under-understand it, is not to lower oneself as an individual, or at minimum, it is to think in a more generic manner without exceptions. All this can appear to be too moral, but this would be forgetting that thought is not uniquely subtractive, it is insurrection as additive force that exerts subtraction on dual transcendence and the desire of exception.

Does everything in the result become indeterminate? Yes, in the sense that simple transcendence, which has lost its double, is just a clone or an under-practiced language, impossible to over-totalize, re-double, or spontaneously re-assure. With this way of doing, the reader takes on a responsibility; he or she can be aware of the duality of appearance and the in and of itself. It is up to the reader to practice vigilance and discretion. A return to responsibility as vigilance against the always possible decoherence, the refusal of dogmatically holding up a complete result to the reader or a pre-packaged product of authoritarian dogmatism in-itself. No synthetic portmanteau, but non-localizable indeterminations in the philosophical sense, a language brought to its simplest status and sufficiently disrupted in order for the superior form of expression certain of itself in the concept to be rendered impossible. Philo-fiction is a gushing [*jaillissant*] and subtractive usage of the means of thinking, of philosophemes-without-philosophy, of mathemes-without-mathematics, and from here, all of the dimensions of philosophy rid of their proper all-encompassing finality, an insurrection against the all-too great superior finalities. Language is a simple productive force without its superior or over-totalizing finalities, but with its immanent finalities, quartially [*quartiellement*] instituted. The artist of philo-fiction that refers to the photo, to the painting, or to music, knows how to stop at this insurrectional and creative plane of art, creative precisely because its most dominant finalities are taken out of play. Generic and quantic writing implies that ecstatic depth itself is overridden like the relief on a photo. As if the spontaneous and doxic relief of thinking was annihilated and resurrected by an insurrectional subtraction of words. This is the entire problem of a non-standard aesthetics, art as a subterranean ridge [*ligne de crête*]. The clone of the photo is the objective appearance of the world; the world is no longer there in person in order to over-determine the appearance. Art is the world without the world, the entire world but without its over-determining concept.

We must proceed toward a generalization, toward a generic extension of the Kantian formulas that re-brand a certain subtraction or under-determination of macroscopic transcendences. Nevertheless, the Kantian subtraction is not operated upon in the name of insurrectional immanence but is given absolutely, to such an extent that Kantian formulation remains disciplinarily negative and privative in the macroscopic framework of rationalism and flounders into universal communication. The Kantian subtraction is unparalleled in its brilliance, perhaps too absolute in its aesthetics, because it does not take into account a complete and non-sufficient analysis of philosophy. For example, a knowledge without concept, a finality without end, a disinterested pleasure, etc. Each time in reality one needs a complementary residue of pleasure, of the concept, of the end, but at the level of the clone or objective appearance provided by waves of lived [*vécu*] experience or jouissance (and not merely from pleasure as rationalism would have us believe). The interest, the concept, the finality etc., are in reality already redoubled and each time form the Möbius strip as the contents of a supposedly simple unity wrongly mistaken as philosophical notions. One must carry on and radicalize the Kantian subtraction of aesthetics, ripping away the "without" from the absolute in order to conceive it as radical. It is not a completely achieved or absolute subtraction, a closed operation, it is "radical" or insurrectional, limited in its effect by over-transcendence and does not destroy all of transcendence. The vector rises to the surface of reality traversing itself via a tunnel with which it merges before extending itself while turning back on itself and creating the objective appearance of an in-itself [*d'un en soi*]. It is not an application of the Principles of Sufficient Philosophy or Mathematics, not even a determined negation. It is the subtraction of a layer of transcendence and finality, a "without" or privation as positive effect of an ascender from below and of a generic insurrection. We distinguish between generic insurrection and completed or over-determined transcendence. The vector is sub-tracted in so far as it is the infrastructure "under" the attribute of reality, but elsewhere it ascends without absolutely transcending. This positive privation is an overturning of philosophical domination in the form of theoretical determination in order to make a place for its generic indetermination. Nevertheless, insurrection does not simply substitute itself for domination but acts upon it and redirects it toward its spontaneously insurrectional roots, but which have taken a "wrong turn" into over-transcendence and over-totality.

OF FICTION AS CLONE: FROM THE VECTOR TO TRANSCENDENCE

The Platonists, in particular Husserl, speak of the *eidos*, and of sketches of the *eidos* as the "thing in-itself," as a unity that transcends and unifies the sketches. This is a carbon copy of the excess objectivity of the world. There is indeed this appearance of the thing, even in the photo, but the immanent transcendence is also there as well. As a sketch or laid flat, it is virtual, not real, but it is a carbon copy of the real perceived within perception.

We do not optically and chemically interpret the fact that the photo is without depth, or that it is only virtually an image, but phenomenologically we do so. The being-without-relief of the photo is a multiplicity of images whose depth itself has now been laid out flat alongside other forms. Here the photo is reduced to two dimensions and without ecstatic depth. Ecstatic depth is itself an image without a doubling or reflection and even distance is an analytically indivisible and non auto-dividing given, like phenomenological appearance, to such an extent that each time a cosmos is given in a concentrated and poetic manner, diminished or depleted, condensed or contracted, without density or flesh. Even the depth of the Same is given as a sketch amongst others, as in a mirror. The image is an immanent clone which explains itself via the immanence of the unilateral or onto-vectorial flux. To see in-photo is a lived [*vécu*] ascender toward the photo or the image in-photo, toward the clone, and it is not necessary to have a third instance or dimension in order to count these two dimensions. The second one is not seen from afar but from the immanence of the first which holds its head up out of the water or makes a sketch of it. The thing itself is deprived of its "itself" or its double transcendence. Namely, it is deprived of its perceived depth, which is always at the same time a height [*hauteur*]. The two dimensions are not and should no longer be viewed "within a plane" which would in reality be a third dimension for a representation that is not exactly transcendental but which is positive with "two" coordinates. We will distinguish between 1. the numeric and metric duality within a plane; 2. the unilateral duality, in the strict sense, of a transcendental origin deprived by scientific positivity of the third term (the transcendental), all immanence being transferred into the first term (the vector or wave, the force of vision), to such an extent that the second term (the photo as particle) is itself just as immanent as the first which is the real. Their set is the unilateral duality either on the side of vector or that of the clone. It is immanent just as the transcendental but it is an error to claim it as counting as "a" term. It is an immanence, a One-in-One that bears or supports the Two-in-One (clone in-vector). The semblance of the clone or its action [*agir*] is to create an effect of resemblance with the in-itself of the world or perception. There are two semblants and not merely one as Lacan believed: the semblant that is the clone itself (and which is the originary faith of Merleau-Ponty), and the bad semblant, the one that *makes believe*[3] in the in-itself.

Unilateral complementarity is a deconstruction of ecstasy or phenomenological distance, that which Michel Henry gives as in-itself and from which he goes to the mystique of radical immanence in which the affects replace the clones of the world, whereas it is possible to deconstruct and quantically generate it in its transcendence. We are making the genesis of the sketch or the being-sketched of the clone or of the photo instead of reconstructing the world with perspective sketches, instead of consuming the reality of the world within radical immanence. No machine with two heads, as with Deleuze and a body without organs in the background, but with a head and a half-head. There is no bilateral cut, but a unifacial, unilateral one, operated by a side (face) or immanent clone but which is flat, beneath which another vector announces itself. We can speak of indivisibility, nonlocality, or of the entanglement of the photo, and *a fortiori* of photo-fiction. Nothing is metrically divisible, for in the end the chaos of images are themselves chaotic; which is to say the cosmic order participates in the chaos of photo-fiction.

From here we have a certain generic neutrality. To the visual resemblance of the photo, not merely taking up this part, we have the contribution of its being-flat, superficial, fluid, and aerial which still gives the world in an image but unburdened or alleviated of the world, this time without

3 English used in the original text.

having the Principle of Sufficient World, or its heaviness (even 3D cinema is unburdened of the world). The photo has something sterile about it. It floats or wanders like angelic multitudes that amble from heaven to earth and hesitate to posit themselves, like birds or ghostly creatures from a world alleviated of itself. The photo is under-determined by the accumulation of sketches and not over-determined. The photo-being is under-determined in relation to a perception, it is neutralized and aspires to the generic-being of a world become peaceful; it's an art stripped not merely of the world but of its pretensions of being a "great art" (Nietzsche). This is not a popular art, or is no more popular than dominical painting. There is something equivalent to the aleatory and the probable within the photo; it is a weak or weakened ontology, lower in relation to the perceptions that the photo is ordinarily compared with.

The onto-vectorial matrix of photo-fiction contains (alongside the moment of the ascender or insurrection) a moment of the Trans-, of the traversing of reality or passage via a certain tunnel to the other side, a moment that must be isolated in order to understand the passage of the object (strictly speaking) to transcendence. The Trans- is a specific dimension of transcendence that prolongs the simple vector and makes the object appear. This moment is fundamental in order to give a status to the photographic becoming of ecstasy constitutive to the effective perception of an object. One must make a very particular fate of this ecstatic depth within the phenomenology of the photo, alongside forms and colors, and attribute to it a different destiny than that which it occupies within perception. The perceptual flickering [*battement*] of before/behind within ecstatic or objectivating experience disappears in the photo, but not completely. It remains virtual as an image of depth or an image of frozen ecstasy, ecstatically-fixed. This flickering of the perception of depth is reduced or condensed rather to the surface itself. The sensation of a relief that the photo still possesses comes from that which, in the completion of the vector, exceeds the vector within a fluttering that is virtualized or crashes into itself. The ecstatic depth or the Trans- becomes a fixed fluttering and is reanimated by the imagination (as soon as it is obviously given an object) and the corresponding photographic capture. Perceptual depth is deprived in-itself in regards to the photo of any depth whatsoever. It is a generic ecstasy of the surface, or an ecstasy-without-ecstasy.

But immediately the world returns and the photograph stops there or vanishes in the light of logos and the recognition of the world. Perception, or its appearance, re-installs itself on the ruins of the photograph because the camera conserves and remains technological; the photo is over-determined by its subject-world. On the other hand, in fiction the imaginary number is even more annoying than virtualization. Philosophemes and mathemes return in these instances as interferents or superimposed all the way to their particulate aspects. Is it the clone proper to fiction relative to that of the positive photo (the superior degree in which the photo plunges which previously only came from itself) at the edge of chaos? The virtualization of ecstatic depth or real transcendence, the reduction to the image is still a virtual reproduction of the world that converses certain invariants within the relation of figures and which ultimately justifies itself by its implicit reference to the world that insists: *it's the realism or photographic determinism or what remains of it in the last instance* in relation to perception. There is a reduction in phenomenology of the reality of the world but which resists or returns again as the Principle of Sufficient Photography The positive photo really only knows itself via matrixial analysis, the photo-fiction of philosophy only when it's world-oriented [*orientée-monde*]. One must give this oriented matrix in the description of the positive photo itself, for the latter is the conjugation of the (reducing or virtualizing) apparatus and furthermore the subject-theme but overdetermined by the subject-world that is the final invariant or principle of sufficiency reigning within photo-centrism. The positive photo is a standard art, which is to say, in the sufficient custody of the world as with all art, a technologically based art of mimesis. Only the generic and quantic orientation allows us to pass from a standard art to a non-standard art and in return to interpret the model by the theory.

THE TWO REALISMS

Thus not everything of the world is deconstructed of the world within the positive and concrete photo. The matrix makes it clear that the photograph itself remains a philosophically over-determined operation; it adds a supplementary or complex transcendence to the noematic contents of the photo. The positive photo is still the over-determining return of the world, a return that is this time modulated in a technological form and which is not that different from philosophy. The photograph conserves its first appearances as colors and forms, there is indeed a cloning that refers to and explains itself via the realist in-itself. The fusion of variables (we can always by comparison introduce the camera into the process and count it as one of the variables) is optical and is made in accordance with the first appearances, and it is the fusion of the subject and the camera once again under the theme or its primacy, as a reversibility of both of them. It is not a deconstruction of appearances. Despite everything, it is a way of affirming them.

From here, we can distinguish between two types of realisms: a realist realism of the photo and a realism as the objective appearance of photo-fiction. The photograph is, in one lone image a subject-whole whose unity is conserved and transformed by inversion of its image, this implies the variable of the camera which we have a tendency to treat as a neutral receiver. Whereas it is already a quasi-quantic experience. With this difference between the photograph and its algebraic and generic condition of photo-fiction that at first we have the tendency to interpret the camera as a simple transparent filter that nevertheless shatters the relief within the image, the flickering included while the photo-fiction explicitly counts the subject and the observer camera apparatus within the result or within the unique function of the wave. Generic photo-fiction remains a photo of the world (or of philosophy) but remains under-determined. Whereas the positive photo gives the clone but over-determined by the world. Indeed, the image-subject or the perceived and its inversion by the optical apparatus are identified—but not superimposed—"in" the image-subject. The latter is exceeded but conserved in reference to the subject-world and thus not deconstructed within its realist unity. In order to overcome this over-determination by the world-subject, it is necessary to introduce the algebra of the quantum and move on to photo-fiction which integrates the photo technique as a model without destroying it but destroying just the Principle of Sufficient Photography which is derived from the Principle of Sufficient Philosophy.

Within philosophy and the photo, the equivalent of the imaginary number is the Other and the diverse technological and optical forms of the imaginary. It is still not the imaginary most capable of exceeding the philosophical context because it remains dominated by this context, and reduced to the state of a simple material or principle variable in this order. It is less a question of the contents or variables at play than an interpretation, via physics, of the variables as terms or proprieties. It is not a question of a pure technology or subject, these kernels remain constant in a certain manner, it is a question of what type of matrix that is less technological than physics and technological in a dominant manner). In order for this, one must reduce philosophy to the state of a variable or property of the system=X that is the human genre, and moreover it's the same thing: index the matrix by or on the quarter turn (Square root of -1). The photo is no doubt itself composed of two variables and from this point of view, it resembles the matrix. But "the subject beneath" reestablishes or redirects the philosophical and deceptive context of appearance of the realist in-itself. It is a realism of principle. Whereas in the generic matrix, the subject=X, for example we, who are here constructing the apparatus of philo-fiction, are only occasionally taking photographs. It is certainly in-the-last-instance generic man but as an individual subject implicated in the apparatus and is only known in its turn as a clone of the photographer. This theoretical installation, that is photo-fiction and in general art-fiction, (which is not an art of fiction but a genre on par with science-fiction) has two types of subjects: the generic subject=X and the individual clone of the photographer or artist.

The generic matrix (non auto- or hyper-philosophical) demands this reference to a subject. It must be indexed or angled [*incline*], to pass from positive mathematics to either a transcendental logic (which can take on various forms) or to an immanental or onto-vectorial logic. Not indexed once again on philosophy but on the quantum as algebraic because only the quantum allows for a generic subject=X and not the philosophical subject which merges with the cosmos or other entities. Physics simulates subjectivity at least in two forms, generic subjectivity and cloned subjectivity via the quantum.

THE GENERIC CHAOS OF PHOTO-FICTION

We will compare the destiny of the properties of the "images" of the object in camera and in the matrix. This is the most complex moment because it gathers up all the preceding suggested characteristics (traits), the differences and resemblances between the photo and the photo-fiction, i.e. between two heterogeneous types of the image.

What happens in a phenomenological and operative manner (not in a technological manner) within the camera? In the box there are images. In the matrix of photo-fiction, there are philosophemes which behave like images or photos of the world. Philo-fiction is a genre based on the model of the image or of the photograph, but they are photographs that are traditionally organized the way concepts are, with a high and a low and other directions. The idea that concepts direct themselves or behave more like photographs is certainly a dream of the photographer in philosophy, of a thought-photo or of a photo-fiction which is neither purely conceptual or auto-positional (like philosophy in-itself), nor purely quantitative as in raw physics. Thus to what should all this be reduced, to what genre? The matrix is a quasi-photographic box with a certain inversion and redress of images (i.e. products of two properties). In both cases it is impossible to see the event that is unfolding and to exactly predict the result.

There is a type of perfect inversion: the Möbius strip, identity in the form of a strip or band of alternating inversions. This is not the case in regards to the photo, nor in regards to the undulatory superposition which is a way of not fixing identity as a band or strip. The matrix does not function like a strip but like a half-strip or a wave with a particle. The two conceptual properties (or respectively the physical quantities within the quantum) of the subject=X do not form a band or strip, for we are dealing with physics and not mathematics, although they are conjugable in inverse relations. Furthermore, we get an inversion of the products of the variables, and in the end, a redress of the image or of the concept as the objective appearance of the object in-itself, of this macroscopic object that is the philosophical entity with its two variables. Thus we no longer have to ask the question of what the proper property that would correspond to the correct or normal image of the perceived object as high/low, a distinction that disappears within the Möbius strip, or which would correspond to the proper logical order of thought. The properties are indifferent once they are quantitative, but are there really images that are indifferent and devoid of sense? One must make an abstraction out of everything else that still gives sense to the photographic images and which is attached to the macroscopic and worldly status of perception and perhaps even to the over-totalizing and dual transcendence of philosophical thought. All these norms and legalities disappear within the conceptual quantum as within the strip or band. Nevertheless, all of these hierarchies will be replaced by a non-commutativity of products and hence by extrapolating photo-fiction, will be replaced by a non-commutativity between the generic subject=X and its properties which it no longer suffices to determine, and thus safeguards its indetermination.

In the structural moment of the Trans- of transcendence that extends the vector and provides it with an object or particle, there is something like a flickering, that is clearly reversible within the photograph, a back-and-forth between form/substance which alternately changes their priority. Furthermore, it is only at this already derived level in relation to the radicality of onto-vectorial insurrection (level of the supposedly isolated clone as the last object or the in-itself that is philosophy) that the alternation of before/behind explicit in the perception of objects is produced. It is a derived reversibility proper to the isolated clone as simulacra and where Deleuze resides who, as philosopher, refuses any radical genealogy on the basis of lone fluxes, since it absolutizes the anti-oedipean structures of the "desiring machines" as alternating machines. But in photo-fiction there is an inversion of products or of two images (flux/partial object) which are finally superimposed here and are no longer identified in a "body without organs." This onto-vectorial superposition (which is thus not a convergence via a divergence to infinity) renders impossible the ability to perceptively represent the vectors, which as complex numbers cannot be "represented." To such an extent that there is a final moment in the matrix where one hesitates between the thing and its inverted image. The final result is the fiction as rectified image by the matrix, and which resembles the original object but at the same time it concentrates in-itself an internal hesitation that invests the inversion and rectification. It forms an imaginary or complex identity which is fiction as clone and which will be aleatory and ontologically probable. Photo-fiction nevertheless gives off a certain resemblance with philosophy (its own personal "world"), photo-fiction and philosophy have a common structure from which our objective appearances reconstitute themselves and are immediately poured into the in-itself or make us believe (*make believe*[4]).

The generic is a quartial genesis of the clone or of fiction, of objective appearances as in themselves. As for the positive photograph, it is semi-quantic and contents itself on the clone of appearances and forms but does not tear the macroscopic world into pieces or veritable chaos (it is the not chaos in and of itself). In the photo as in fiction, images or concepts are produced and in one sense, they are the same, but they are interpreted differently. They are still appearances of the world and objects, and thus on this point there is no difference between them. But in the photograph these appearances of the world refer to the world in a certain deterministic and realist relation (principle of sufficient photography) where the world returns and over-determines objective appearances, whereas in fiction the conceptual images remain objective appearances which are no longer lived as in themselves or are not reorganized a second time by the cosmic order. In fiction, the objective appearances are

4 English used in the original text.

materially the same as in the photograph (the photograph of philosophy since philosophy is a photograph of itself) but they do not auto-confirm themselves according to sufficiency, and it is in this that they form a probable chaos via the absence of the world and its sufficiency, via hesitation or indeterminacy. Photo-fiction is a generic chaos or immanence by subtraction, without a return to the sufficient order of the world or of the *Principle of Sufficient Chaosmos* as in the work of Deleuze. The photograph is still a macroscopic usage proceeding with quantic means (a problem treated earlier in the text where its ambiguity is identified) whereas fiction is the generic production of reality based on the onto-vectorial Real, a generic reproduction of the world that the matrix puts into indeterminate or under-determined chaos. There is no doubt a relation between the perceived subject, its optical inversion and its rendered similarity which creates or produces resemblance, and furthermore the superposition of imaginary numbers, i.e. the passage into photo-fiction. But the vector is of the virtual order and does not correspond to a photo-centric representation or to what happens to optical reality inside the camera as in the universe.

ETHICS OF THE PHOTOGRAPH, FROM CONSUMPTION TO COMPASSION

Philosophy is a doubling, a projection of what we call generic man, the doubling of his immanent form by and within a two-stage transcendence with the embedding of humans within cosmic and metaphysical humanity. Its indetermination is captured by determination. The generalized all-photo, photo-centrism as vision of the world ends in dispersion within the world and as realist "clone" of the world, whereas the photograph should be reduced to the simple state of a model and should be understood as a tool, a force of detachment or of non-confusion of man and the world. An ethics of photography put in the service of the defense of man is impossible to define or discern. One must look at the photograph with a non-globalizing point of view, as a photo-in-One or in-immanence, eyes (half) closed. In short, if philosophy is a simple power or potentialization of photography, photo-fiction is a depotentialization of logo-photo-centrism.

Photography leads the equivocal game of a pity of bad faith for the world, history, society, and actuality. It is a way of taking ontological care of being in its entirety in order to be surprised by it, and for example to be surprised that there are victims, as if victims were "beings." The photo is the way in which the world astonishes itself whereas it should be that in which man becomes indignant. Photo-fiction would rather be a way to take pity on the human rather than astonishing the world, the poor world that does not quit making war with itself via interposed photographs. If we move on to the quantic as under-determination, it clearly becomes impossible to give a determined definition of man as generic. Indeterminate compassion goes to this nameless and improbable man. It is not so astonishing that photographs are filled with the dead, the assassinated, complete and incomplete infants, the living universally condemned to death. Hence this aura of pity that floats on photographs. Moreover this pity reveals the under-determined reality in the photograph, improperly used for excessive ends, like a weak thought or a weakness to exist. Unleashed, the photograph would like to pass into existence but remains decidedly a flat larva. Photo-fiction is the decline of the ontological proof and auto-affirmation, the collapse of metaphysical mechanisms by which essences passed into existence within divine understanding. Shattered by the actuality of existence, modernity will need to come up for some air, will need the possible, "just a photo" to parody Godard.

The photograph alone or conserved within "clouds" is all that remains of the ancestral Logos. Not merely the fog of Königsberg as Nietzsche spoke who wanted to return to ontological proof in the form of simulacra and their affirmation. The photograph is not a simulacra, a volte-face, or a Möbius strip with its two surfaces oriented in opposed directions. Grasped as fiction, it is a half-simulacra, much less than a simulacra which exists as a partial and folded Whole, it's a quartial object which only exists as a purely virtual weak onto-vectorial essence which still does not pass into existence or transcendence but which can, on the contrary, drive the photo to become indignant. The photograph is just a vector or a set of added vectors that no longer pass into existence and must occasionally receive or operate externally. From itself, it is added to the photosphere and enters into this "pleroma." The photograph is the art of revival, of resurrection, but it is a weak art and thus reduced to insurrection.

Photo-fiction,
une esthétique non-standard

Photo-fiction, une esthétique non-standard

TABLE DES MATIÈRES

AVANT-PROPOS

L'esthétique, en particulier depuis Hegel, est la domination revendiquée de la philosophie sur l'art dont elle prétend dégager le sens, la vérité et la destination après l'événement de sa supposée mort. Dans sa forme la moins agressive, la moins législatrice, elle décrit ses figures, ses époques, ses styles, le système de ses formes en fonction de ses propres normes, l'art de son côté résistant à cette entreprise et se rebellant.

Nous proposons une autre solution qui, sans exclure l'esthétique, ne lui accorde plus cette domination des catégories philosophiques sur les œuvres, mais la limite en la transformant. Il s'agit de substituer au conflit de l'art et de la philosophie la conjugaison de leurs moyens réglée sur la base d'un modèle scientifique. Nous tentons d'explorer la matrice suivante, la non-esthétique ou esthétique non-standard est la détermination réciproque de l'art et de la philosophie, mais indexée à un coefficient algébrique présent dans la physique (quantique), le « nombre imaginaire ». Il exige l'interprétation de cette conjugaison en termes de vecteurs et non de concepts ou d'objets macroscopiques. Cette onto-vectorialisation[1] de l'esthétique la prive de sa suffisance vis à vis de l'art mais en fait une fiction elle-même artistique, c'est une extension dite « générique » de l'art à l'esthétique, le moment où la pensée devient à son tour une forme d'art. C'est un nouvel usage de leur rivalité mimétique, leur traditionnelle conflictualité enfin suspendue pour une œuvre commune, un nouveau « genre ». Cette libération réciproque de l'art et de la pensée par la sous-détermination de leurs moyens est essayée ici sur le concept de photographie, de là le concept de photo-fiction, en attendant par exemple une musique-fiction. Prolongeant les premières recherches sur « *Le concept de non-photographie* » (bilingue anglais-français, New York, 2011, Urbanomic-Sequence), ces essais proposent un nouveau design pour la pensée.

---

1 La distinction entre vectoriel et onto-vectorial est la même qu'on trouve chez Heidegger dans *Être et Temps* entre existentiel (psychologique ou ontique) et existential (le terme de Heidegger, qui est ontologique). Vectoriel, c'est le vecteur géométrique, onto-vectorial c'est une création de moi même en français et désigne l'ontologie qui se fonde sur les vecteurs géométriques mais qui a une portée constitutive ou ontologique.

L'ART-FICTION,
UN NOUVEAU GENRE ESTHÉTIQUE

Pourquoi y aurait-il encore de l'esthétique alors que *peut-être* il n'y aurait plus d'art ? Il fallait un Hegel pour croire à cette survivance et penser que la philosophie conduirait le deuil. Il y a encore évidemment de l'art et de l'esthétique mais leurs rapports ont changé et pas seulement par le biais numérique dont je ne parlerais pas, malgré la viscosité philosophique. Il existe un *Principe de Suffisance Esthétique* dérivé du Principe de Suffisance Philosophique. Il possède ses propres dérivés, par exemple un principe de suffisance photographique ou un photo-centrisme. Je propose de considérer tout art sous cet angle des principes de suffisance et non plus dans une perspective historique descriptive ou bien théorique et fondative. Pour cela il faut construire des scénarios non-esthétiques ou duals, des scènes, personnages ou postures à la fois conceptuels et artistiques, sur le modèle formel d'une matrice. Pas d'une question, on ne demandera pas qu'est-ce que l'art, qu'elle est l'essence de la photo ? Une matrice est un mode d'organisation et de présentation plutôt mathématique des données d'un problème lorsqu'il y a au moins deux données hétérogènes, conceptuelles et artistiques, qu'il s'agit de lier d'une certaine manière que l'on dira matricielle. De plus cette matrice est orientée, elle vaut ordinairement de la philosophie et de ses objets comme l'art mais l'on peut orienter tout autrement, explicitement vers des usages génériques ou des finalités humaines plutôt que vers la philosophie. Il y a toujours une dualité de termes ou de variables de toute façon mais la matrice doit être orientée par la ré-intervention de l'un des deux termes, comme nouvelle ou troisième fonction, et elle peut l'être de deux façons opposées, vers la philosophie ou bien vers justement la photographie. Ces scénarios correspondent par leur aspect inventif et constructif à de véritables « installations » théoriques. Je propose de faire de l'esthétique sous la forme d'installations conceptuelles d'un nouveau genre.

L'esthétique fut toujours un décalque de l'art dans la philosophie et réciproquement l'art compris comme une modalité déficiente de la philosophie. C'est un phénomène d'auto-modélisation de la philosophie à propos de l'art, où la philosophie trouve un modèle dans l'art mais un modèle pré-formé ou pré-décidé philosophiquement. On ne s'étonnera pas des projections réciproques. Leurs rapports esthétiques peuvent se dire sur le mode du manque, sans art la philosophie manque de sensibilité et sans philosophie l'art manque de pensée, mais aussi sur le mode de l'excès, de l'empiètement, des mélanges et des reflets spéculaires. De là des esthétiques labiles, des systèmes de compensation et d'échanges, qui vont de Platon pour qui la pensée exclut l'art, à Nietzsche chez qui la pensée doit se faire art et la métaphysique pensée d'artiste, à Deleuze qui essaie de maintenir l'équilibre entre le concept et le percept ou l'affect. Prise comme ensemble, l'esthétique est un marché des théories de l'art qui prend appui sur le marché de l'art lui-même.

C'est dire que nous refusons cette esthétique philosophique comme seule théorie possible de l'art, surtout si elle se présente comme fondamentale plutôt que simplement descriptive des œuvres, des styles, des codes historiques et artistiques. Toutefois il n'est pas question d'une théorie autre que philosophique, toutes incluent de toutes façons un aspect philosophique. L'esthétique peut-elle devenir une seconde puissance de l'art lui-même, un art peut-il engendrer ou déterminer sa propre esthétique au lieu de la subir comme lui étant philosophiquement imposée ? Ces formulations ne sont pas tout à fait exactes pour ce que nous appelons la photo-fiction ou encore la pensée-art qui est la puissance de l'art non seulement de produire dans son ordre une forme de pensée que peut ressaisir la philosophie à côté des formes reconnues de pensée comme le voulaient les post-modernes, mais de renouveler plus profondément la « pensée-en-personne ».

Supposons que l' « esthétique » pour la nommer encore ainsi provisoirement, soit maintenant une puissance supérieure de l'art oeuvrant à même la pensée, elle-même un art « en-dernière-instance » donc plutôt un art de la pensée qu'une pensée de l'art. De toutes façons pas un méta-art mais un art non-esthétique, une esthétique non-standard, ce serait sa seule différence, une différence générique. Pas l'art conceptuel mais le concept modélisé par l'art, une extension générique de l'art. Comment obtient-on de l'esthétique non-standard ? 1. par un procédé spécial syntaxiquement complexe qui signe comme physique ou quantique le style générique, c'est la matrice duale annoncée plus haut, 2. avec un matériau extraordinairement varié dans ses propriétés, ses matières et ses propres syntaxes fournies par les arts-supports ou modèles, 3. sous réserve de leur interprétation déjà philosophique ou esthétique puisque l'art supposé « brut » est de l'art déjà esthétiquement interprété ou du moins cn droit esthétisable. Il s'agit de transformer les énoncés esthétiques sur un art et ses dimensions en fonction d'une indexation sur la quantique et l'algèbre qu'elle mobilise.

L'esthétique non-standard est créatrice et inventive pour son compte et dans son genre, c'est une philo-fiction, un genre philosophico-artistique qui cherche à faire une œuvre avec de la pensée pure et abstraite, pas de créer des concepts parallèlement aux œuvres d'art comme le propose le spinoziste Deleuze, encore qu'il s'agisse là d'un grand pas sur la voie d'une esthétique non-standard. La non-esthétique est globalement caractérisable comme 1. une esthétique sans doute, une matérialité conceptuelle qui est son noyau technique ou technologique, 2. munie d'une modélisation artistique et donc spécifique, 3. mais privée du Principe de Suffisance Philosophique (PSP), comme duplication de la transcendance. Elle est indexée sur de l'algèbre plutôt que de la philosophie, l'inclinant dans un sens scientifique ou physique (le nombre imaginaire, racine carrée de-1).

Sa restriction et son extension sont toutes deux de sens et d'effet scientifiques mais se répartissent sur les deux moments phénoménaux de la structure et non pas sur un seul qu'elles devraient se partager comme dans tout monisme. La restriction est celle de la double transcendance qui décline ou s'affaisse sans disparaître sur elle-même, qui se finitise de manière holistique et non totalisante, l'extension est du côté de sa cause qui se radicalise et s'infinitise. L'esthétique non-standard est fondée sur la substitution au PSP non pas du Principe de Suffisance Mathématique, on ne gagnerait presque rien à ce tour de passe-passe, mais d'une mathématique elle-même décontextualisée ou réduite à quelques formules algébriques. Mesurée à cette matrice, l'esthétique standard elle-même apparaît rétroactivement restreinte et fondée sur une inclinaison philosophique ultime, la double intervention de la transcendance ou du contexte du PSP, une première fois comme interprétant de manière dominante son noyau technologique d'art, une seconde fois comme index inclinant cet ensemble vers sa destination philosophique ou la confirmant et ré-affirmant. On passe alors à l'art-fiction ou à l'esthétique non-standard en affaiblissant ou faisant décliner la portée ou le sens philosophique investi, et ceci par l'investissement d'une mathématique pour physique plutôt que de la technologie perceptuelle encore que l'optique soit partagée avec la philosophie et que ce soit deux arts de la lumière, qui donc n'est pas non plus abandonnée. Il s'agit de rendre immanent l'acte photographique, de l'intérioriser et de le rendre réel sans réalisme externe, de détruire la suffisance perceptuelle et philosophique sans nier la nécessité de la perception, ne levant que la suffisance du double horizon de la perception et toutes les apparences de la profondeur. C'est la photo les yeux fermés, libérant juste le clin d'œil ou l'éclair de la vision.

Ainsi les mélanges de l'esthétique sont généralisés et pensés plus rigoureusement par la formalisation suivante en trois temps. 1. Une matrice qui entérine et généralise comme nécessaire la possibilité des conjugaisons d'art et de pensée au lieu de les pratiquer au hasard ou selon l'arbitraire de chacun. 2. Par une fusion non arbitraire, qui permet de les généraliser et de les confronter comme propriétés, variables ou paramètres d'un système=X. L'art-fiction n'est pas la rencontre ou la conjonction de deux activités en soi, ni une pensée neutre ou métaphysique ni un art « brut » supposé vierge de toute interprétation transcendante, mais leur conjugaison réglée de manière immanente par le concret d'une matrice dont le propre est d'être générique ou de concerner un sujet=X capable de recevoir esthétique et art comme deux propriétés de même statut plutôt que deux prédicats. C'est une activité multi-disciplinaire par définition et non mono-disciplinaire ou tendant vers l'unité d'un continent assurée par une discipline dominante ou impériale. 3. Fusion qu'il reste à déterminer c'est-à-dire à rapporter au réel, de quel X, de quoi ou de qui art et philosophie sont-ils de simples propriétés à organiser en vue de produire la connaissance de cet X ? Fusion indexée, on l'a dit, ainsi sur le retour d'une des deux variables qui est ce dont nous disposons, la détermination est soit sur-détermination par la philosophie, soit sous-détermination par l'art. Il est nécessaire que si le premier cas est naturel ou spontanément esthétique, le second soit compliqué par l'intervention d'un élément supplémentaire de type scientifique qui soit contenu implicitement ou non dans le concept de l'art, car l'art seul ou dans sa pratique en soi ne peut offrir aucune résistance conceptuelle aux entreprises de la philosophie et nous assurer d'un savoir un peu rigoureux. Même lorsqu'il est intrinsèquement armé par de la mathématique comme la peinture et la musique, encore faut-il mobiliser cette force dans un sens génériquement productif, ce qui ne peut se faire que par un supplément explicite de mathématisation (non-suffisante) sous la forme de sa re-marque quantique et algébrique. La teneur spontanée de l'art en mathématisation ou encore en technologie fait partie de la propriété de la chose mais pas de la matrice en tant que telle qui fonctionne à la re-marque quantique, c'est-à-dire physique et algébrique.

Il y a donc deux termes disponibles ou propriétés mais trois fonctions pour deux termes. La première solution, celle de la sur-détermination, est l'esthétique standard qui d'ailleurs, on l'a dit plus haut, ne se connaît pas dans sa structure explicite ou développée et qui croit pouvoir fonctionner seulement avec la rencontre hasardeuse de deux disciplines alors qu'en fait elle les mobilise dans trois fonctions où l'une des variables jouit d'une fonction supplémentaire parce qu'elle est mathématiquement et physiquement re-marquée. La seconde solution, non-esthétique ou art-fiction, est la solution générique qui se connaît spontanément encore moins parce qu'elle est dissimulée par la toute-présence de l'esthétique qui la rend invisible comme possibilité libératrice de nouvelles virtualités. La matrice est en quelque sorte le troisième terme ou le terme-index qui assure la conjugaison aléatoire des deux instances, aléatoire mais nécessaire, sans leur imposer un lien de nécessité dogmatique, analytique ou absolument nécessaire, il sera pourtant le plus rigoureux possible sans jamais former un système clos, mais au mieux une théorie de l'art-pensée ou un scénario.

L'entrée dans ce domaine autrefois appelé « non-philosophie » impose la formation d'un vocabulaire complexe ou conjugué. Tant pour trouver le titre général que pour un titre plus local, nous sommes condamnés pratiquement à exclure les « étiquettes » de la philosophie scolaire et de la philosophie analytique, de recourir à des procédés quasi-poétiques de conjugaison sémantique. Faut-il parler de fiction, d'invention, de conception, d'innovation comme on le dit maintenant, de scénarios chaque fois à partir d'une discipline d'origine différente ? ou de science générique, d'art générique de la pensée, d'art-fiction ? Ce que nous proposons est une théorie générale parce qu'elle conjugue plusieurs disciplines, mais générique plus exactement parce qu'elle dégage l' « essence » commune ou le genre qu'elles forment sans métissage (la généralisation des mélanges ou le passage au niveau supérieur comme propriétés ou variables détruit le style du mélange). Le passage au générique modifie profondément le mode d'expression finale de cette discipline, la photo-fiction ne peut être une photo matérielle ou visuelle, la peinture-fiction ne peut user de couleurs, la musique-fiction être faite de notes comme une partition, encore que les arts aient beaucoup changé leurs modes classiques d'expression, mais plus souvent par métissage arbitraire plutôt que par un procédé rigoureux. Dans sa plus grande généralité, la pensée-art ne peut être qu'un ensemble de formules symboliques ou quasi-esthétiques aptes à exprimer dans un scénario le genre qui conviendra aux différents arts. Dire que c'est là un retour à l'élément linguistique est trop rapide et trop général, c'est simplement créer un art de l'expression de la pensée sur le support d'un art donné fonctionnant comme matériau et modèle. Le spécifique de l'art générique est d'être nécessairement comme la philosophie et l'esthétique, un art exprimé par le moyen de symboles langagiers mais distinct de la littérature et de la poésie auxquelles il peut emprunter certains de ses moyens. Finalement l'art-fiction demande à être exactement compris dans sa complexité, il est irréductible à la fiction contenue dans tout art et irréductible à un art de premier degré, c'est non pas l'identité mais la superposition d'un art et de l'esthétique, leur fusion en tant que sous-déterminée par cet art. La malédiction hégélienne portée contre l'art au nom de l'esthétique ne peut être vaincue que par le déclin de l'esthétique dans l'immanence de l'art elle-même.

LA PHOTO-FICTION, UNE INSTALLATION THÉORIQUE

Je vais essayer devant vous tel un artisan, un ingénieur ou un designer de construire un appareil dit de photo-fiction, d'en projeter au moins le schéma, plutôt que de contempler l'Idée de la photo. C'est un exercice de construction d'un objet théorique, donc transparent mais qui va fonctionner plutôt comme une boîte noire.

Qu'est-ce qu'un philosophe en tant que philosophe peut faire avec la photographie s'il n'est pas lui-même photographe ? de l'esthétique de la photographie ? dans ce cas il serait surtout philosophe à propos de la photo qu'il essaierait d'intérioriser au concept. Une autre solution, à inventer, est ce que j'appelle la photo-fiction c'est-à-dire de la pensée, de l'écriture, peut-être des concepts avec lesquels je vais faire ce qui pourra vous apparaître comme une sorte de mimesis de la photo (une interprétation que je rectifierai), une construction qui prend pour modèle la photographie mais qui n'est pas elle-même photographique au sens technique.

Donc ni photographe ni esthéticien, que fais-je là ? Je ne fais pas de l'esthétique mais j'essaie de bâtir une pensée qui excède ou remplace le projet général de l'esthétique philosophique et ses descriptions. C'est pratiquer un genre assez spécial d'activité pas tout à fait standard ou reconnue. Un peu comme si l'artisan, pour prendre un exemple socratique, au lieu de fabriquer un lit en suivant le modèle idéal du lit qu'il est supposé avoir déjà dans la tête, se mettait en tête de fabriquer une Idée du lit qui d'une certaine manière ressemblerait au lit mais ne serait pas non plus son décalque, plutôt une extension « générique » du lit. Ou bien si, au lieu de fabriquer un appareil-photo en fonction des schémas trouvés dans les manuels, il avait au contraire le projet de dessiner le schéma d'un tout nouvel appareil dit de philo-fiction, donc capable de produire non de simples photos mais des photo-fictions. Il faut apprendre à distinguer entre les types de rapports de la photo et de la fiction dans la photographie comme art et dans la photo-fiction. Il ne s'agit pas de se représenter ou d'imaginer une seconde fois l'appareil empirique ni d'ailleurs d'élucider son sens idéel, mais de créer un objet d'un nouveau type, d'ajouter selon une logique précise, ni de décalque ni dialectique, la fiction à la photo, dont il faut élucider la structure. Cet appareil à photo-fiction, appareil théorique sera une impossibilité esthétique, un non-esthétisable ou un non-philosophable et c'est à ce titre qu'il réalisera une non-esthétique de la photo. Probablement cette photo-fiction n'est pas faite pour produire des clichés à mettre dans un album ou dans de plus modernes procédés de rangement et de visionnage, elle est faite pour que générer des fictions qui sont comme des « légendes théoriques » accompagnant éventuellement des clichés. Inversons et plus encore les rapports platoniciens des Idées et des objets qui les copient, prenons cet objet, une photo et son contexte de production, traitons-la comme un « modèle » au sens de modèle pour une axiomatique sans plus en faire un modèle au sens platonicien de paradigme puisque nous n'en n'avons plus par hypothèse. Un modèle au sens plutôt mathématique d'une théorie de la photo qui soit une photo-fiction ou une théorie-fiction.

S'agit-il de créer des concepts parallèlement à la photographie ? Malgré l'existence de deux termes, ce n'est pas le parallélisme cinéma/concept de Deleuze qui est spinoziste et ne partage la philosophie qu'en deux moitiés ou deux attributs parallèles, réel et pensée. Ce que la photo-fiction va produire, c'est une sorte de chaos encore plus intense que celui de la photo, peut-être comme un mélange de cubisme et de fractalité exercés à même la matière conceptuelle, et ceci sur la base d'une logique spéciale qui est celle de ce que l'on pourrait appeler l'art-fiction ou l'esthétique non-standard. Les photo-fictions ne seront plus des unités bien fermées et closes sur soi mais relèveront d'une algèbre du « quart de tour négatif » et seront représentables comme des configurations de vecteurs.

J'appelle ce geste de création la non-esthétique ou encore l'esthétique non-standard, sa forme standard étant la philosophique et la photo-fiction l'un de ses objets non-standards. Ce qui est standard dans l'esthétique, c'est que seule la philosophie pourrait justifier que l'art atteigne le réel et que seule elle fournisse sa bonne description. Ce n'est pas mon problème qui est de limitation pour reprendre un terme kantien, mais la limitation de la philosophie n'est plus ici elle-même philosophique, elle se fait avec l'aide de l'art et possède en dernier ressort un sens artistique. Ce projet semble absurde. Il ne le sera plus si nous acceptons de changer de niveau de référence pour définir le réel, si au lieu de traiter la photo et le concept de la photo comme deux objets ou représentations données et descriptibles, physiques et intellectuels, nous les traitons tout autrement que comme des objets données et fermés sur eux-mêmes. Ce niveau de réalité qui n'est plus empirico-idéel, qui se libère des couples philosophiques d'opposés, doit rendre possible une nouvelle ontologie qui est celle du genre ou du générique qui est obtenue en disant que la photo et son Idée cessent de se poser aux extrêmes de la réalité, qu'en un certain point elles doivent plutôt s'identifier. Alors faut-il dire « à l'infini » comme Deleuze ? Non, il ne s'agit pas d'identifier les actes photographiques dans une photo infinie, surexposée, ou une surphotographie, un corps photographique sans photos comme le corps peut être sans organes. Nous ne sommes pas spinoziste, nietzschéen ou deleuzien, nous tenons à distinguer encore trois choses, 1. la photo empirique sortie de l'appareil avec ses conditions technologiques et son opérateur individuel, 2. la photo-fiction où le photographe est impliqué non plus comme photographe individuel ni comme grand photographe divin (cf. Leibniz) mais comme genre humain quasi universel, 3. L'apparence ou la ressemblance photographique de la photo-fiction, ce qu'il reste entre elles de ressemblance possible. Ce plan n'est pas celui d'une identification dans une surphotographie mais on dira de « non-photographie » obtenue par un procédé de « superposition » pris de la quantique et qui a quelques ressemblances avec les procédés optiques de la photographie.

La photo-fiction désigne l'effet d'un appareil tout à fait spécial qu'il faut imaginer parce qu'il n'est en vente dans aucun magasin et qu'il est plus théorique que technologique.

La photo-fiction est une extension générique de l'appareil photographique c'est-à-dire neutralisé dans ses prétentions philosophiques ou esthétiques. On pourrait dire un « modèle réduit » mais pas tel qu'il peut s'en vendre dans le commerce. Il est certes « réduit » partiellement mais au sens de la réduction phénoménologique, pas au sens de ses dimensions métriques, il a perdu les conditions de sa transcendance métaphysique fabriquée, ces conditions sont sa matière, sa forme géométrique, son efficience chimique et optique, sa finalité narcissique ou autre, par exemple politique. Normalement une photo est censée ressembler par le moyen de procédés optique et chimique à son objet ou au sujet photographié. Or notre nouvel appareil, celui de la photo-fiction, n'est pas matériel au sens technologique du terme et pourtant il doit assurer une certaine ressemblance entre la photo ou son sujet et la photo-fiction cherchée. Il doit être capable de « photographier » (si l'on peut encore employer ce terme avec beaucoup de guillemets puisque c'est une photographie discursive plutôt que visuelle) la photo artistique elle-même.

Comment cette nouvelle « boîte », que nous allons appeler la « matrice », est-elle construite sur le modèle de l'appareil empirique ? Nous devons construire un concept d'un nouveau type qui tient des moyens de l'art et de son Idée (esthétique non-standard). Voici ses opérations internes qui ne sont plus matériellement ou physiquement optiques mais intellectuellement optiques. Ce dispositif produit une fusion comme superposition (d'où un effet de ressemblance spécial dont on verra que ce n'est pas une métaphore) de l'appareil photo d'une part et d'autre part du discours philosophique, ou encore du photographe et du philosophe, fusion réalisée par et dans un sujet=X dont on ne peut plus dire s'il est artiste photographe ou s'il est philosophe esthéticien. La fusion est une opération complexe, elle veut dire d'abord qu'il y a une égalité des deux moyens ou forces impliqués, égalité obtenue *par soustraction* de leurs finalités les plus vastes ou englobantes. Le philosophe, sans renoncer à sa technique qui fait sa vraie force, ne croira plus dominer le photographe en déterminant le sens, la vérité et la valeur artistique de la photo. Et de son côté le photographe n'abandonnera pas l'habileté technique et artistique qu'il possède mais la croyance (en réalité philosophique elle aussi mais dissimulée) que, comme artiste, il atteint le réel le plus vrai. Autrement dit l'un et l'autre abandonneront leur concurrence au sein de leur œuvre commune, la photo-fiction, dont le réel n'est pas celui de la photo ni celui de la philosophie. « Fusion » dit ensuite que si ce sont des moyens qui sont *par soustraction* du même genre ou du même type, des forces égales en tant que ce sont toutes deux des forces ayant perdu leur forme auto-finalisée ou leur auto-téléologie propre (mais nullement toute fin, toute forme, toute matière, toute efficience), la solution pour le sujet générique=X est de les cumuler voire de les multiplier l'une par l'autre comme si c'étaient ses propriétés puisqu'il est capable d'exercer cette double activité ou de tirer parti de l'efficacité de ces deux agents. Toutefois l'égalité des deux forces exercées n'est pas absolue ou sous tous les rapports, elles sont par ailleurs très différentes, donc la fusion ne sera pas seulement celle de deux forces du même type, une multiplication par exemple de deux nombres entiers indifférents l'un à l'autre, mais elle sera affectée d'un mouvement spécial que l'on va dire d'inclinaison ou de clinamen qui assure la soustraction des forces ou leur sous-détermination par rapport à leur représentation plutôt que leur surélévation et leur dépassement. Le générique, et la matrice est générique, est l'ensemble de ces règles de fonctionnement dans lesquelles photo et fiction (une philosophie ou une conceptualité) sont sous-déterminées c'est-à-dire privées de leur finalité classique et de leur domination.

Cet appareil de photo-fiction, nous semblons le constituer peu à peu, par morceaux ou pièces comme un appareil photo. En réalité il existe déjà avant d'inventorier ses pièces et fonctionne comme un ensemble ou avec l'immanence d'une machine. La matrice de photo-fiction est maintenant le véritable concret (certes non-suffisant, il faut les sollicitations du monde) de l'affaire, philosophie et photographie ne sont plus que ses forces ou ses parties. Et c'est la matrice qui donne ce mouvement de clinamen au sujet=X et ce devenir aux forces. Je dis juste ici que ce clinamen qui est la marque de la matrice est d'essence mathématico-physique et plus précisément algébrique, qu'il dépend de ce que l'on appelle un nombre imaginaire ou complexe (du type racine carrée de -1) c'est-à-dire qu'il est géométriquement représentable par un vecteur, c'est une flèche orientée selon un angle que l'on appelle aussi sa phase. Mon modèle de construction de cette matrice est donc technologiquement photographique comme on l'a dit, mais son Idée ou sa forme, sa cause formelle est physique et algébrique. Autrement dit, plus généralement, la photo-fiction est ce que l'on appelle une extension « générique » du dispositif de la physique quantique, un appareil d'expérimentation construit sur le modèle quantique dans toutes ses dimensions. Extension technologique de l'optique photographique qu'il y a dans la quantique (production d'une ressemblance photo-fictionnelle), extension formelle de son ingrédient algébrique (la photo-fiction comme science), extension de son aspect matériel (la photo-fiction comme vécu neutralisé d'un certain sujet=X encore indéterminé et de ses objets), extension de la finalité du sujet=X (le photographe-comme-philosophe et le philosophe-comme-photographe ne sont plus que de simples aspects du sujet=X).

Ces quatre extensions de l'appareil photo (efficience technique, forme, matérialité et finalité) sont aussi bien des restrictions ou des sous-déterminations définies par la soustraction algébrique qui interdit toute détermination supposée pleine et entière de ces quatre formes de causalité. On dira que philosophie et photographie sous ces quatre points de vue sont et d'une certaine manière restent hétérogènes bien que chacune partage ces quatre dimensions, mais c'est surtout par rapport à leur représentation spontanée qu'elles se distinguent toutes deux. Si bien que de la matrice, on pourra dire que, dans chacune de ses quatre dimensions, elle est moins déterminante que sous-déterminante, c'est une causalité faible ou affaiblissante qui retire de la détermination à l'image résultante qui est plus vague, plus aléatoire ou plus indéterminée, par rapport à la sur-détermination que produisent l'esthétique ou la philosophie qui au contraire sont sur-déterminantes ou viennent en surcharge.

On dira, pourquoi se priver ainsi des bénéfices de la philosophie ? En réalité on ne s'en prive nullement, elle sert toujours à formuler la photo-fiction et y entre comme une part essentielle de la matérialité. Ce sont seulement de ses excès de prétention absolue dont on se prive et ceci afin de protéger les sujets humains de sa suffisance. Par exemple elle est efficiente et produit de la fiction c'est-à-dire une pensée moins sûre de soi que le discours philosophique. Elle est formelle et contient de l'objectivité mais allégée, non apodictique ou axiomatique. Elle produit de la matérialité mais sous forme de jouissance ou de vécu. Enfin elle ménage les fins que les humains peuvent se proposer mais en les ordonnant à l'humanité générique plutôt qu'au délire narcissique de l'individu moderne qui use de la photographie. Dans les quatre dimensions, elle suspend ce que j'appellerai le *Principe de Suffisance Photographique* ou le photo-centrisme.

Pour résumer, photo-fiction et même photo sont toutes deux des matrices à double entrée. La photo est un appareil à double variables, le sujet ou le monde, l'appareil et sa technologie, qui font partie intégrante de la photo résultante. Mais ce que l'on doit considérer vraiment comme un tout indivisible, c'est la « posture photographique », une conjugaison des propriétés perceptives, optiques, chimiques et qui ne se comprend pleinement que comme celles, intriquées ou non-locales, de la matrice générique. De plus photo-fiction et même photo sont des matrices que j'appelle orientées on inclinées par un redoublement de l'une des variables comme index. Même la photo « ordinaire » est sur-déterminée par une deuxième intervention de la philosophie ou du monde, ce redoublement est en général inaperçu, le monde ou la philosophie sont pensés comme phénomènes simples alors qu'ils sont redoublés et peuvent donc intervenir deux fois, comme objet simple et comme principe ou norme supérieure qui fait leur suffisance. La photo est reprise ou répétée par le monde y compris les variations technologiques et autres, cette reprise donnant son trait d'opération réflexive à la photographie. C'est bien déjà une matrice générique en soi ou philosophante mais pas pour soi, elle ne se sait pas elle-même sur-déterminée par la philosophie ou réglée par le Principe de Suffisance Photographique. Dans la photo-fiction en revanche, la situation s'éclaircit, l'appareil technologique est remplacé par un appareil purement théorique, dont le principe est le nombre imaginaire, toujours en face du monde c'est-à-dire de la philosophie. Cette installation théorique conjugue des concepts (ou des philosophèmes) et de l'algèbre dans un tout indivisible ou intriqué. Et cet appareil-ci est indexé ou incliné non plus vers la philosophie mais répété ou re-marqué mathématiquement, il abaisse les prétentions de la philosophie ou de l'esthétique sans les nier complètement.

Il y a une grande différence dans la connaissance produite entre la photo pourtant déjà incertaine et la photo-fiction indéterminée par principe comme aléatoire générique ou probable ontologique. Dans la photo comme dans la photo-fiction, des images ou des concepts sont produits, en un sens ce sont les mêmes, ce sont toujours les apparences du monde ou des objets et donc sur ce point il n'y a pas de différence. Mais dans la photo ces apparences du monde sont référées au monde dans un rapport réaliste et déterministe certain (PSP) où le monde revient et sur-détermine les apparences objectives et fait croire à des choses en soi quoique représentées, tandis que dans la fiction les images conceptuelles restent des apparences objectives comme telles qui ne sont pas vécues comme des objets en soi ou qui ne sont pas réorganisées une seconde fois par l'ordre cosmique. Dans la fiction les apparences objectives sont matériellement les mêmes que dans la photo mais elles ne s'auto-confirment pas selon la suffisance, la photo-fiction est vécue comme un art sans réalisme aucun et c'est en cela qu'elle forme un chaos plus intense par absence du monde ou de sa suffisance.

Une superposition des intentions ou des conditions posturales, technologiques et perceptives est censée se produire dans la supposée bonne photographie alors qu'elle ne fonctionne pas à la superposition et donne l'apparence objective ou macroscopique de l'identité et du réalisme, de la réussite par principe à quelques bougés près. En revanche la superposition est le principe opératoire et ontologique de la photo-fiction, et c'est pour cela qu'elle échoue heureusement dans son désir de réalisme. De la superposition des vecteurs ou des conditions variables de l'acte de photo-fiction résulte paradoxalement une indétermination du résultat attendu ou prévisible dans sa précarité. L'aléatoire de la pensée-photo n'est pas dû à l'intervention de nouveaux facteurs ou conditions mais au processus intrinsèque de production de l'image conceptuelle attendue. C'est revenir au sens de la « reprise » kierkegaardienne et théâtrale plutôt que de l'automaticité de la répétition (avec la nécessité déterministe qu'elle signifie souvent), de telle sorte que l'agent-sujet individuel manipulateur de l'appareil se fond lui-même dans le processus général ou y est impliqué comme un facteur de variabilité qui définit son style de quasi photographe.

Le flux des actes ou de la reprise photo-fictionnelle apporte le monde ou le sujet-thème sous une forme partielle et même quartielle (le quart de tour ou la racine carrée de -1) de particule conceptuelle. Sur ces termes, il faut s'entendre et les comprendre à partir des vécus du photographe « à fictions ». La photo-fiction n'est plus une esquisse de type phénoménologique ni même partielle comme partie d'un corps sans organes, c'est un objet quartiel ou un clone dans un flux photosphèrique transfini. Le monde de la photo était déjà devenu plus quantique que mécanique, c'est maintenant la fin du réalisme par excès de réel et absence de la réalité, la dissémination ou la déconstruction quantiques des entités photo-centriques ou macroscopiques. Le photographe de l'art-fiction ou l'artiste de la photo-fiction perd définitivement, du moins il reste dans une hésitation possible à son sujet, sa croyance réaliste et causale au monde. En particulier il vit autrement la portée politique de la photo qui n'est plus un instrument d'asservissement des individus au monde ou à la philosophie qui les interpelle et les représente. Il éprouve la jouissance de la fin du photo-centrisme sur le terrain même de la photo, dans une forme d'art qui mène ce photo-centrisme au déclin. Il y a une morale de servitude narcissique dans la photo comme il y a une éthique de sauvegarde des humains dans la photo-fiction.

Il reste une dernière objection, la photo-fiction ne seraitelle pas un usage métaphorique de la photographie, c'est-àdire une idéalisation langagière, un transfert sous conditions langagières des actes photographiques à la sphère de la philosophie ? Dans ce cas la situation serait la suivante, d'une part si la philosophie est la métaphore de la photographie, une photographie supérieure des choses et du monde luimême, cette formule a un envers ou une inversion car la photo est serait alors une modalité déficiente de la philosophie ainsi qu'elle a toujours été en fait comprise. La photo est esthétiquement conçue comme un acte d'auto-modélisation ou d'auto-réduction de la philosophie, ce n'est qu'un simulacre, même pas une copie. L'art perd toute consistance face à la philosophie et la photo par rapport à l'art. Il faut refuser de penser en ces termes d'Idée et de modèle empirique en relation de métaphore et plus généralement d'auto-modélisation de la philosophie où celle-ci d'ailleurs s'abîme dans sa propre contemplation et ne joue plus le rôle de force productive. En revanche le passage de la photo à la philosophie doit se faire par la médiation de la science, de la physique mathématique qui va interrompre ces relations de mimesis et énoncer autrement le problème. La photo-fiction est bien une universalisation théorique, mais générique ou par le biais de la science, de la photo et celle-ci comme art est un modèle pour la philo-fiction. Un modèle qui n'est plus lui-même platonicien mais un modèle au sens où une axiomatique a toujours des modèles c'est-à-dire des effectuations de la théorie aux conditions empiriques. On peut « généraliser » tous les arts dans des arts-fictions sous des conditions quantiques et génériques. Les arts gardent leur autonomie et leur consistance, ce ne sont plus de simples modalités de la philosophie mais justement des modèles qui ont dans les philo-fictions leur autonomie en un sens nouveau par rapport à la modélisation philosophique. Il s'agit de préserver aussi la photographie comme art et pas seulement le photographe comme homme qui a peut-être son existence mais pas toute son essence dans l'art de la photo. La photo-fiction n'est pas du tout la fiction photographique ou bien philosophique, il faut plutôt rapprocher ce terme d'art-fiction et en général de philo-fiction de celui de science-fiction, c'est un *genre*.

UNE ESTHÉTIQUE DANS L'ESPRIT DE LA QUANTIQUE

L'art-fiction n'est évidemment pas la fiction définie à l'intérieur des codes d'un art ou d'une philosophie déterminée, donc d'une esthétique, mais une fiction ajoutée ou additionnée sous certaines conditions contraignantes sur le support ou le modèle d'un art et de son immanence. On ne propose pas de lecture ni même d'interprétation esthétiques classiques, elles existent, elles ont fait leurs preuves, il est inutile d'y ajouter. Il s'agit moins d'implanter dans un art une fiction interne et simultanément externe que de conjuguer ou superposer ces deux possibilités comme des forces productives égales. Le procédé général proposé et sa « philosophie » ne sont pas structuralistes mais génériques et quantiques. L'esthétique est insuffisante à épuiser toutes les possibilités d'un art plus riche qu'elle, la pensée-art comme potentialisation des possibles par la dépotentialisation de la philosophie. L'esthétique est dépassée de l'intérieur par l'art lui-même dès lors qu'il se conjugue avec elle. Plus exactement cette esthétique qui ne répond pas tout à fait aux normes classiques de sens et de vérité issues de la philosophie est une théorie qui « universalise » un art de telle manière que cet art et son esthétique conventionnelle passent ensemble à l'état de modèle de type « axiomatique » de cette théorie. Dans cette inversion de l'objet et de sa théorie égaux, l'objet théorisé une première fois par la philosophie devient un modèle pour la nouvelle théorie de constitution plus complexe. Discipline à créer comme un second degré dont l'esthétique standard philosophiquement reçue n'est plus que le premier degré, en tous cas le symptôme, le matériau et finalement le modèle. La superposition d'un art et de son esthétique signifie l'abandon de la modélisation platonicienne comme auto-modélisation de la philosophie et l'entrée sur le terrain d'une pensée-science plus rigoureuse. Loin d'être une forme déficiente, imaginative et littéraire de l'écriture, la fiction devient un art complexe à sa manière, un art du tissage des disciplines, comme si l'imagination acquérait une dimension supérieure de complexité en s'exerçant à même un art déjà existant, dans sa forme, son matériau et ses effets.

Une objection spontanée est inévitable de la part des philosophes qui n'arrivent pas à dépasser la simplicité élémentaire de leur conception de la philosophie et qui ne voient pas sa nature redoublée. Il serait selon eux bien inutile de vouloir créer un art supplémentaire et apparemment parasite de ce qui existe déjà. Les conservateurs trouvent que les possibilités nouvelles parasitent leurs codes reconnus et oublient que cette esthétique non-standard est issue de la superposition quantique d'un art et d'une philosophie, que l'art-support y est porté à la « dé-puissance » ou « dé-potence » racine carrée de-1, qu'il devient à la fois complexe et minimal en étant dégraissé de la domination philosophique.

Il est fondamental que l'esthétique suive le mouvement des arts contemporains au sens le plus profond, non pas décrire leurs changements sous les mêmes codes mais importer ce type de changements dans la pratique esthétique elle-même et construire des scénarios qui soient des « installations » théoriques. Au lieu de ressasser les concepts de la mimesis, on étendrait l'idéal de l'art à la pensée même de l'art, sous réserve évidemment d'un respect des conditions nouvelles, « dans la philosophie », de ce transfert. Le problème d'une esthétique non-standard ou d'une pensée-art est de traiter ce bloc sémantique comme un tout indivisible, incluant la pensée et l'art dans un dispositif holistique. La théorie observatrice ne peut rester neutre à l'abri de ses concepts et surtout de ses principes, et l'art lui-même rester un simple objet d'étude. Il n'est plus question d'un métissage d'art et de philosophie sans règle et laissé à l'arbitraire du goût et aux bonheurs du talent. Ces deux pôles conservent leur autonomie de matériau et de syntaxe locales mais forment une entité indivisible entre l'un et l'autre. L'inclusion de l'observateur dans son objet, l'inventaire de ses effets est un principe quantique mais difficile ici à mettre en œuvre pour deux raisons. D'une part il s'agit de l'art où les rapports entre concept, objet, plaisir et universalité, pour prendre le modèle du jugement de goût, ne sont pas les mêmes que dans le jugement de connaissance et contiennent déjà une dose d'indétermination qui n'est pas d'ordre théorique et qui implique une modification dans l'usage du dispositif quantique. D'autre part une orientation ou une re-marque que l'on appellera générique finit d'arracher cette opération à la physique positive ou quantitative telle qu'elle est traditionnellement philosophée. De là la formule de scénarios

« dans l'esprit de la quantique ». Une pensée-musique ou une musique-fiction dans l'esprit de la quantique devrait être possible comme une photo-fiction et tant d'autres scénarios possibles. Penser « esthétique » sous la formes de scénarios conjuguant quantiquement des philosophies et des arts divers enrichirait et libérerait des forces productives possibles et justifierait l'existence non pas de l'art comme pensée, ainsi que l'on disait chez les post-modernes, mais une véritable pensée-art tout à fait spécifique et digne d'être appelée « contemporaine ». En tous cas il faut non seulement « décloisonner » les domaines disciplinaires, et les arts s'y entendent spontanément, mais trouver des raisons positives et systématiques qui imposent ce décloisonnement et qui ne se contentent pas de le suivre. Non seulement conjuguer les domaines plutôt que les métisser, mais savoir les superposer et se donner ainsi le moyen de créer ce qu'il faudrait appeler un holisme local ou sans totalité, une addition de vecteurs dont les sommations ne seraient pas auto-englobantes. De même qu'il y a une « mauvaise » totalité fermée mais aussi des touts indivisibles et multiples, un holisme sans auto-englobant, il y a une linéarité rigide et une linéarité articulée et souple. La création d'un genre ou d'une forme d'art n'est pas réductible aux effets de bouleversement d'arts existants qui se combinent autrement, elle ne peut être laissée aux improvisations de l'histoire et de ses époques. S'il y a une véritable invention possible de l'ordre de la pensée-art, elle doit faire l'objet d'une reprise concertée, d'une décision entre utopie et hérésie, sous le regard de ce que nous appelons la futuralité plutôt que l'histoire.

Toutefois une nuance doit être apportée à l'opération de superposition et d'addition des dimensions disciplinaires de l'art et de l'esthétique. De même que la superposition n'est pas une position supérieure et dominante, un acte philosophique par excellence, l'addition n'est pas l'opération arithmétique cumulative ouvrant droit au calcul. Ces opérations doivent être comprises algébriquement, sur le modèle général de la onto-vectorialité. De l'idempotence aussi, une propriété qui ne supporte ni analyse ni synthèse, juste une analyse ouverte à continuer et une synthèse achevée mais non fermée, holistique-sans-totalisation, ce qui prépare l'abandon du Principe de Suffisance Esthétique et les constructions théoriques auxquelles il donne lieu et qui virent sans délai aux auto-englobants. Addition faible si l'on peut dire et qui se poursuit par une soustraction dans l'ordre de la transcendance. Ce double mouvement pourrait ressembler à une réduction phénoménologique à la conscience, un aller-retour par rapport au monde. Toutefois ce serait là une apparence unitaire formée de deux mouvements de sens contraires telles les deux bandes ou demi-bandes de Möbius qui sont une topologie pour des disciplines réversibles. L'addition ou la superposition quantique a plutôt l'apparence d'une bande unique et infinie mais marquée de plis à demi effacés et qui témoignent qu'il y a eu un pliage défait, une semi-addition. Ce pli déplié qui apparaît est l'effet de la soustraction qui nous assure du déclin de la réalité dans et par le réel. Le réel est la réalité effacée mais nullement niée, à l'état de vécu larvaire. Sont ajoutés non pas des dimensions entières se développant à l'air libre telles que la géométrie peut les percevoir, ou des nombres inscrits au ciel de l'arithmétique mais des sous-dimensions qui ont pour propriété de traverser le plafond de verre de la réalité, ou encore le tunnel qu'ils constituent par eux-mêmes. Ces sous-dimensions qui vont être celles de la pensée-art et par exemple de la photo-fiction sont, par leur constitution de pli semi-effacé par dépli, des impossibilités de la représentation et même des incompossibles de celle-ci. Plier, déplier, replier ne peut pas être une activité möbienne infinie, il faut savoir s'arrêter au dépli qui conserve une trace de pli. Plutôt qu'une topologie à double bande qui se croisent, font boucle et recomposent par alternance la forme de l'objet en pointillé, c'est une complémentarité unilatérale ou transfinie qui associe la bande qui ascende d'en-dessous avec la coupure de l'objet qu'elle traverse comme un tunnel avant de revenir éventuellement en soi après une torsion sur soi et de sombrer dans l'apparence. Or une complémentarité unilatérale n'est pas une impossibilité absolue mais radicale, c'est une incompossibilité, un non-möbius sauf à céder à l'apparence. Ces plis à demi-effacés sont comme les tunnels d'une immanence qui s'auto-traverserait. Ces vecteurs qui ascendent d'en-dessous la réalité n'émergent pas à proprement parler « au-dessus » d'elle pour la surplomber et constituer encore un autre monde, elles constituent le nouveau visage de la réalité elle-même. Elles se continuent en l'épousant au plus près d'elle-même, l'empruntant ou se *pliant* justement à elle pour se jeter en sens contraire, tel un fleuve un instant arrêté, dans sa propre source, comme une sous-venue retournant vers elle-même, formant l'apparence d'une source.

Il importe de ne pas être la victime définitive d'une apparence inévitable de chose en soi ou encore d'objet en face d'un sujet, avec les dialectiques qui parcourent cette illusion. Il est facile de croire à une reconstitution d'objet, de théorie ou de domaine auto-englobants, comme si la transcendance suffisante de la philosophie revenait saisir le réel et sa onto-vectorialité. Analyse et synthèse complètes telles que la philosophie les fait jouer sur les objets sont de droit inachevées pour partie en tant que réelles, mais s'accompagnent pour une autre partie d'elles-mêmes d'une apparence d'achèvement qui leur fait croire qu'elles ont passé, et le réel avec elles, la ligne d'horizon et se trouvent derrière celui-ci pour un nouvel en soi. Il y a de l'ascender immanent, de l'insurrection onto-vectoriale qui ne transcende pas à proprement parler d'elle-même et ne se consomme pas en objets ou en en soi. Le réel ne se confond pas avec la réalité et engendre plutôt la connaissance de cette apparence. Il n'est pas sûr qu'il s'agisse, comme le pen sent les phénoménologues obsédés de perception, d'une ligne d'horizon et d'un envers de l'horizon. A moins de concevoir évidemment que la ligne d'horizon soit traversée sur toute sa longueur par un tunnel qu'emprunte le réel ou plus exactement qu'il est.

LA PHOTO LES YEUX MI-CLOS

La photo-fiction n'est certainement pas un œil muni d'un appareil réductible à une technologie, elle contient de la technologie et du vécu mais aussi du concept et de l'algèbre disposés à des places différenciées, par exemple des nombres entiers d'apparence mais entamés ou morcelés. La photo-fiction ne se réduit pas à la prise ou à l'acte photographique simplement commenté ou légendé, c'est une pensée qui se construit sur la photo sans être sa métaphore mais qui n'en reste pas moins une fiction et une tentative de science générique du monde. La technologie était déjà une analyse et une reconstruction de la perception, déjà une perception artificielle qui n'est pas encore quantique mais qui est apte à une quantification.

Nous étendons cette expérience sous forme d'une expérimentation dans une matrice qui imite l'appareil et ce qu'il cache ou abrite dans ses entrailles, un dispositif expérimental de transformation de la perception la plus intellectuelle qui doit abandonner son mécanisme et son déterminisme. On ne fera pas de la technologie le sujet pour la mettre à la place du sujet psychologique, la photo subit une extension comme matrice pour un flux de clones qui sont des images d'un nouveau type sous-déterminant un sujet générique=X. La matrice est ici la conjugaison de deux variables conceptuelles, d'abord la variable philosophique du monde, y compris le dispositif technologique avec son agent impliqué dans le total indivisible, et d'autre part la variable quantique (ses principes conceptuels et son nombre imaginaire). Ce sont des propriétés canoniquement conjugables du système-photo (acte et vécu), la médiation technologique ou optique étant reléguée à l'état de modèle. Ensemble elles forment des produits indexés à nouveau sur la quantique ou le réel impossible noté racine carrée de -1 qui se superpose avec lui-même comme onde ou force de vision qui traverse la matrice.

Ce qui se passe dans le processus, entre la préparation de l'expérience et le produit « fini » de la photo-fiction, peut être apparemment compris ou réduit à de la technologie et à de l'optique avec chemins et trajectoires identifiables. Mais de l'un à l'autre dès que l'on est dans la photo-fiction, il y a de l'altérité et de l'imaginaire d'un nouveau type, du onto-vectorial. La matrice emprunte évidemment à l'appareil qu'elle inclut au titre de modèle et d'agent, mais on se débarrasse définitivement du modèle dominant de la perception, de son amélioration ou prolongement technologique, en procédant à une extension générique, un procédé tout différent. L'extension générique est si peu un prolongement prothétique qu'elle achève de distinguer la photo et la peinture dont la photo-fiction n'est pas un substitut dégradé. Le concept de non-photo est une expérience théorique de la sensibilité plus complexe que son appareillage technologique, il excède cette fois la philosophie de la photo, il pousse l'imaginaire au-delà de l'imagination, au-delà de sa conception macroscopique et perceptuelle.

Le style de la photo-fiction, c'est la photo les yeux fermés, à condition d'admettre que s'ils sont fermés, c'est qu'ils ont été ouverts ou que plus exactement ils sont mi-clos, ce battement des paupières par lequel nous prenons la mesure excessive du monde et maîtrisons l'intensité de son aspect hallucinatoire. Ni grands ouverts ni se fermant automatiquement comme dans un appareil ou un robot photographe. Dans cette hésitation nous ne voyons pas le « clin d'œil » nietzschéen, un résidu de la réversibilité du regard malin du philosophe, plutôt la racine du battement de la perception d'un objet tel que sa quantique peut l'expliquer. Dans la lutte contre le photo-centrisme moderne et son idéologie, il faut faire valoir la photo comme flux d'immanence traversant le monde, le développant en myriades d'esquisses « quartielles ». Multiplier à l'infini les photos n'est pas un argument contre l'immanence de l'opération.

La photographie comme marchandise a déjà sa propre théologie. Elle-même est spontanément mystique justement parce que, trop ouverte au monde, elle ne peut imaginer qu'une photographie les yeux fermés, ce qui l'oblige dialectiquement à ré-affirmer la vue absolue que referment les paupières. La photo « les yeux fermés » (Michel Henry) serait donc plutôt une mystique moderne pour le monde lui-même, pas encore une mystique humaine ou libératrice. Quant à la photo-fiction ce n'est pas une mystique séparée de la photographie, mais une semi-mystique unilatérale qui n'a besoin du monde que pour lutter contre le réalisme et le déterminisme dont il est chargé et tels que des moyens phénoménologiques transcendants et un corps appareillé d'une prothèse en donnent l'idée. Elle fait décliner la dualité corps/Autre, où l'appareil comme le corps sert de médiation comme outil, vers la matrice comme médiat-sans-médiation. Le vrai point de rupture du cercle de la différence photo-logique, ce n'est pas l'Autre de type analytique et philosophique, mais la matrice générique qui réduit les conditions ou les données de la photographie à l'état de propriétés d'un sujet générique=X capable de faire tenir ensemble philosophie, quantique et photographie.

DÉPLIER L'ÉCLAIR, LA DÉCONSTRUCTION DU FLASH LOGO-PHOTO-CENTRIQUE

Un essai sur photographie et photo-fiction ne peut que poursuivre des buts parallèles, esthétiques et philosophiques. La photo crée l'événement et n'est elle-même qu'un événement, d'où le risque de cercle vicieux qui est l'élément du journalisme. Il ne convient pas de prendre l'événement de manière massive et macroscopique comme il se donne de lui-même et ensuite d'examiner ses conséquences ou ses présupposés. L'éclair du Logos, de l'événement ou de la décision axiomatique est le modèle grec de la pensée, sa circularité seulement différée, voire croisée entre ses deux brins en un huit intérieur et même si la topologie vient complexifier le trou du sujet ou le cercle de la philosophie, au mieux le flash est l'équivalent philosophique de la physique macroscopique. Une déconstruction du flash philosophique est nécessaire comme aussi du fait absolu de la raison ou du factum, car flash du logos et factum rationnel c'est la même structure. Or ces doublets au pire, ces « envois » au mieux (Heidegger) sont philosophiquement considérés comme achevés et fermés par l'étant ou la « métaphysique », ils sont pensés négativement et non positivement comme effets de l'insurrection onto-vectoriale. Il y a une science de l'événement et du flash que les Modernes, qui les pratiquent et les invoquent, se donnent comme tout faits ou qu'ils ramènent à leur condition de départ, et cette science est plutôt physique que mathématique. Nous les humains génériques n'habitons l'éclair que pour autant que nous pouvons le penser. Comme cette analyse n'a pas été faite, il a fallu la compléter par celle des conséquences de la décision et poursuivre les orages lointains qui continuent à troubler le ciel de la pensée.

Les Modernes définissent l'événement par deux modèles, celui intuitif de l'éclair et celui philosophique ou mathématique de l'auto-appartenance. Flash, coupure, effet de réel, impossible ou invisible, retrait, événement et auto-appartenance, copie et simulacre, ce sont les catégories intuitives de ce phénomène, les singularités de la lumière dans la forme générale de l'auto-position corpusculaire ou de l'auto-appartenance de l'événement. La philosophie est l'exploitation technologique et morale, soit macroscopique, de la lumière en état de réflexion et de décohérence, un mélange d'ondulatoire et de corpusculaire sous la forme du flash. Beaucoup de ces phénomènes mélangent d'ailleurs les deux aspects dans une vision physique ambiguë. Par exemple Spinoza et son disciple Deleuze ont le sens de l'ondulatoire et de la composition des forces d'un corps mais ils les comprennent finalement comme puissance du corps comme Un-Tout exprimant la preuve ontologique comme son essence et retournent donc au corps macroscopique et substantiel.

De ce point de vue la photographie est l'art moderne par excellence, logo-photo-centrique, mais justement la photo-fiction est le passage d'une esthétique exemplairement moderne à une esthétique contemporaine et inventive qui à la fois conjugue les arts et les déplie onto-vectorialement. Une déconstruction quantique est possible de l'événement comme auto-appartenance de l'éclair en son retrait. Déplions cette figure de l'éclair et la théologie qui l'accompagne du surgissement premier ou sans origine sinon de vide à laquelle sa précipitation donne lieu, déplions le jet dans sa *onto-vectorialité*. Qu'est-ce qu'une auto-appartenance si elle a la forme d'un éclair, si l'éclair a le sens d'une auto-appartenance ?

Dans la philosophie comme pensée grecque, le préjugé le plus profond est que même le vecteur ou le jet de photons est compris comme flash se refermant sur soi, comme retrait du corpuscule ou lumière rationnelle d'une substance, le Logos ne se répand qu'à l'état corpusculaire d'auto-appartenance, le flash s'isole comme dans une physique corpusculaire et déterministe qui replierait sur soi le jet. C'est la thématique du repli sur soi ou de l'implication en soi, plus généralement du retrait telle qu'elle fonde l' « intuitionnisme » (Michel Henry) grec c'est-à-dire macroscopique. Le retrait donne lieu à une dialectique interne à la lumière entre l'être et l'étant d'où la philosophie comme Différence ontico-ontologique sort maîtresse du jeu.

Si le flash est la métaphore archi-originaire de l'événement du Logos, il doit servir encore de modèle au retrait heideggérien comme avancée (de l'être sur l'étant)-et-retrait (de l'être) en soi hors de la visibilité de l'étant, comme déclosion de l'étant accompagnant l'inclosion de l'être. Ces variations heideggériennes ont sollicité fortement cette structure du flash sans la déplier quantiquement c'est-à-dire onto-vectorialement, sans peut-être la rendre aussi positive que Heidegger l'aurait souhaité qui la rapproche d'une dialectique.

Phénoménologiquement le retrait du flash se confond avec son surgissement, avec le lâcher d'un essaim de photons, l'émission d'un jet de lumière. L'éclair a la forme d'une coupure d'avec le milieu justement par son retour sur soi, d'une autonomisation du jet de lumière comme revenant en soi et se montrant d'autant mieux comme le jet qu'il a été. Cet évanouissement qui marque l'achèvement d'un cercle montre la naissance de la lumière ex nihilo comme si l'éclair était la démonstration qu'il y a de la lumière qui va plus vite qu'elle-même et qui peut se déployer en s'engendrant elle-même. On comparera le surgissement d'un axiome avec l'actualité de l'éclair déjà replié sur soi. L'axiome est une trace de langage qui elle aussi semble sortir du vide parce que comme jet il s'est déjà réfléchi sur le mur cosmique et parcourt cet espace qu'il remplit comme vide, une trace sur laquelle il ne cesse de revenir et de créer comme apparence de vide. Les philosophes sont fascinés par le flash auquel dans le meilleur des cas ils remontent depuis ses formes déployées comme Logos et Raison, ils ne cessent de court-circuiter la pensée et d'en accélérer la vélocité transcendantale. Mais cet évanouissement de la lumière revenant en soi ne prouve qu'une chose, son désir de retour à l'état corpusculaire, sa nostalgie macroscopique toute fœtale.

Ce que les philosophes appellent le flash du Logos est ce qu'ils perçoivent sur le miroir du monde, nullement ce qu'ils détectent réellement sur l'écran de la théorie. L'éclair philosophique et son auto-appartenance créent ou creusent un vide intrinsèquement structuré en doublets. Toute la philosophie est fondée sur la confusion du miroir qui produit des doubles et de l'écran qui détecte des clones ou des particules. Comme humains-en-monde nous venons trop tard pour assister à la conception de la lumière, nous n'assistons qu'à sa naissance, elle s'est déjà rétractée, nous laissant à la confusion corpusculaire du flash avec une particule, le flash est la véritable apparence immanentale où le processus onto-vectorial se contracte en apparence macroscopique. Nous vivons de son souvenir perdu, nous le percevons de l'avoir perçu et perdu, si bien qu'il semble sorti du vide où le jet de lumière est déjà retourné. On comprend que le Grand Photographe soit le créateur des vérités éternelles dont scintille son entendement, Dieu est réaliste jusqu'au bout de son appareil, c'est le moins quantique des physiciens.

Plutôt que la fascination du Logos qui semble avoir toujours été là, déjà réfléchi en soi ou déjà retiré, nous faisons valoir un ascender onto-vectorial qui n'est plus spécialement grec et permet de défaire l'événement refermé sur soi et l'auto-appartenance devenue macroscopique ou « décohérente ». Contrairement à l'éclair, le vecteur part d'un point d'origine qui n'est pas le vide ou le fond du ciel mais un autre vecteur, sinon le vecteur reformerait un Tout, plus encore que le circuit des renvois ustensiles. Le vecteur est seulement en état d'addition ou de superposition, de sommation locale et provisoire. Le « tout » est simple de structure plutôt que local, c'est une sommation partielle, un non-tout, pas un sur-tout redoublé et achevé, plutôt une somme non fermée de vecteurs. Cette physionomie du vecteur est algébriquement formulable, l'indice assurant son retrait d'avec la représentation macroscopique ainsi que sa logique spéciale est le nombre imaginaire plutôt que l'Autre en général, trop proche encore de la théologie.

L'ascender « pur » est unilatéral, une montée non vers un autre terme donné ou un étant en bonne et due forme mais pour un autre vecteur tout autant achevé mais non fermé, et dont l' « inachèvement » libère la possibilité d'un autre vecteur. L'ascender est la forme initiale de l'uni-latéralité, de la face unilatère du vecteur. On combat la corrélation bipolaire vouée à un troisième terme par une relation imparfaite dite encore « unilatérale ». Celle-ci conjugue une certaine extériorité des relations dont témoigne le vecteur suivant, possible ou prévu, avec une intériorité ou immanence des relations comme uni-lations. L'éclair de l'événement est unifacial en réalité. C'est l'insurrection ou le soulèvement de l'éclair, non pas la résurrection ex nihilo mais l'insurrection ex mundo.

Le problème est alors celui de l'addition ou de l'intégration à ce processus des données macroscopiques qui font doublet, elles s'ajoutent ou s'additionnent à l'immanence du flux, assumant elles aussi comme particule la nature du vecteur. Le flux apparaît rétroactivement à la suite de l'addition ou de la relance comme double face mais, comme il est dans son essence uniface, sujet-Etranger ou noème, il assume ce corpuscule et en même temps il en abaisse l'épaisseur ontologique ou le simplifie de doublet en clone. Le soulèvement ondulatoire en son essence insurrectionnelle a pour effet le déclin du déterminisme et du réalisme de la transcendance corpusculaire, la fin du déterminisme métaphysique et l'arrivée d'une indétermination ou d'une « probabilité » générique qui se dit négativement comme simplification et abaissement, soustraction et déclin. L'essence de la onto-vectorialité est atteinte rétroactivement dans les variables elles-mêmes comme propriétés du vécu à forme algébrique, celle-ci n'étant pas l'auto-appartenance qui, elle, n'a de sens que dans les ensembles. L'homme générique comme sujet onto-vectorialisé est un flux superposé de vecteurs ou de nombres imaginaires. Comme les variables sont dans la matrice générique des concepts ou des principes, il est difficile de parler de *nombre* imaginaire mais d'une fonction imaginaire ou complexe des concepts, encore que « nombres » puisse s'entendre en un sens biblique et puisse se dire d'une physique des concepts.

Le modèle quantique fonctionne à la rétroactivité futurale, il pré-dessine la virtualité qui inspire le fonctionnement global de la matrice à sa reprise occasionnelle près. Il vient briser le schème macroscopique du doublet et introduit un autre schème, messianique et christique en « quartialisant » selon le quart de tour négatif le cercle du temps ou de l'éternité. Une dimension quasi-judaïque est ré-introduite en mode faible et non autoritaire, sans donner lieu davantage à l'éternel retour du même qui est leur fusion sous le cercle alors qu'il faut une fusion du cercle et de la diachronie mais sous-déterminée par celle-ci. C'est la futuralité dans sa dimension messianique. La science générique avec sa rétroactivité et la nécessité de la reprise occasionnelle, est la coupure inégale, impaire ou unilatérale de l'histoire, l'insertion incessante de l'instant dans le flux de l'histoire. Ni la circularité pure et parfaite des grecs ni la messianité transcendante du judaïsme parce que la transcendance soit substantielle soit formelle-judaïque a été éliminée au profit de l'ascender insurrectionnel et de sa loi qui est la superposition. On comparera l'éclair de la foudre héraclitéenne et le messianisme juif qui sont deux types de venue mythique propres à l'Occident et auxquelles la quantique vient donner un autre sens moins en rapport avec le monde comme déterminant, le sens d'une sous-venue qui a sans doute plus d'affinité avec la résurrection insurrectionnelle du Christ.

On peut aussi poser le problème du flash photographique et du flash axiomatique d'une autre manière, quelle est la dualité minimale dissimulée dans un commencement ou une origine, puisqu'il faut deux instances pour penser, au moins un terme et une relation ? Si ce sont des points, il y a au moins une théorie des points. Notre modèle est aussi cette situation de départ, ondes et particules, il faudra donc que les ondes se redoublent ou interfèrent avec elles-mêmes ou que l'interférence remplace le troisième terme des structures transcendantales.

Nous ne connaissons des commencements de la pensée quels qu'ils soient que l'enveloppe la plus extérieure, philosophique ou scientifique. La décision philosophique, éclair ou flash infini en état de rupture avec les choses et de co-appartenance avec soi, c'est aussi l'auto-fondation, le lieu comme fondation. Le commencement scientifique ou positif est plutôt clôture ou enceinte, théorique et expérimentale, achevée sinon fermée. La philosophique se retourne sur soi comme sujet et se perd dans l'infini, la scientifique est de l'ordre d'une coupure. Or la science générique ajoute à ces deux types de commencement une condition avant-première nouvelle, *le générique n'est pas le commencement mais l'élément du commencement.* Le processus générique n'est ni positif comme l'enceinte ni décisionnel comme le philosophique ou l'événement qui, tous deux coupent de manière moderne et brutale les relations. Ce n'est pas le cas du générique qui fait de la re-lation une uni-lation et supporte que l'on y introduise un terme nouveau. L'enceinte scientifique isole un système, la décision philosophique s'isole au sein d'une tradition ou en refonde une, le générique n'est ni enceinte ni fondement, il isole aussi mais sans couper toutes les relations, disons qu'en revanche il les unilatéralise. Le philosophe dogmatique assure qu'il faut commencer tout de suite dans et par la science, ou procéder par coupure axiomatique en oubliant la philosophie comme on oublie l'histoire pour penser l'événement. Il identifie par exemple la condition mathématique de la philosophie avec l'élément avant-premier. Il pratique l'oubli, c'est le spontanéisme de la philosophie. La connaissance générique, elle, ne se confond pas avec ses conditions dont elle n'est pas le reflet, c'est un processus et une matrice, le vrai commencement qui n'a jamais commencé ou débuté, l'élément *avant-premier*. Il y a un élément plutôt qu'une condition générale comme la théorie des ensembles ou que la combinaison immédiate de deux spontanéités disciplinaires qui sont autant d'oublis. L'infinitude philosophique et la clôture scientifique se retrouvent conjuguées dans l'élément générique comme transfini. La matrice est un processus de complémentarité unilatérale, pas un fait ramassé sur soi en une auto-position, elle doit expliquer mais scientifiquement, pas par son décalque, l'éclair de l'auto-appartenance. L'auto-appartenance (ce n'est pas l'idempotence qui est, elle, un glissement sur soi ou « en » soi) et l'événement sont miroir l'un de l'autre, c'est une métaphore ou une image mathématique de l'événement. C'est ainsi que l'événement est l'ascender unilatéral se confondant avec la bilatéralité de la transcendance achevée qui a déjà transcendé vers l'Autre ou vers l'Objet/Etant et qui en un sens est déjà revenu en soi. Dans le transfini unilatéral, l'infini philosophique qui est en réalité macroscopique est réduit ou abaissé à ses conditions génériques. Le transfini est l'infini ordinaire et rendu à la modestie, il traverse et assume les transcendances infinies, doubles ou di-vagantes comme des ondes en désordre qui refuseraient d'interférer. Le générique se présuppose sans se poser, c'est sa futuralité, il est avant-premier et s'élucide ou se transforme lui-même avec l'aide de ses matériaux. Il est science du philosophique et s'aide de la science positive de l'éclair développé comme lumière, de la quantique.

SORTIR DU MODÈLE LOGO-PHOTO-CENTRIQUE OU STANDARD

Il est ontologiquement ambigu, entre langage et lumière, c'est la naissance gémellaire de la philosophie et de la photographie. Photocentrisme et logocentrisme sont deux présentations possibles de la philosophie. De là des tensions dans l'interprétation de la photographie comme de tout objet esthétique. La philosophie est trop idéaliste pour la photo et accentue plutôt l'aspect langage que l'aspect lumière. Pourquoi si peu la lumière ou le flash ? La photo est trop interprétée à partir du langage et de la sémiologie, voire de l'image c'est-à-dire du résidu de la lumière au lieu de l'être à partir du flash et de sa matérialité. Par la photo aussi pourtant nous sommes grecs, en état de représenter le monde, les plus basses et les plus hautes entités. Peut-être est-ce la philosophie comme pathos grec qui revient, après l'irruption du judaïsme dans la philosophie, par la technologie de la lumière et de sa distribution mais cet aspect n'est pas encore théoriquement dominant dans la philosophie elle-même. La philosophie est aussi trop matérialiste pour la photo qu'elle reconduit au modèle de la perception et aux affaires du monde. La lumière est peu saisissable conceptuellement, elle n'a guère de support apparent, elle est plus abstraite que la perception, plus enveloppante et holistique que le langage qui est segmenté, plus fuyante que la terre phénoménologiquement immobile. Mais dès qu'elle est pensée philosophiquement et perceptivement, elle se réfléchit sur le mur ou le miroir cosmique et donne le change sur sa nature. La théorie de la lumière est embarrassée dans la réversibilité et par le miroir du monde, de là la causalité comme déterminisme ou le réalisme. Conséquences, 1. Indécision de la différence logo-photo-centrique qui oscille entre philosophie de la photo et philosophie comme photographie du monde, dans ce mélange philosophie et photo se contaminent l'une l'autre. 2. C'est un art spontanément générique mais dans un sens négatif mesuré à partir de critères ou de paramètres philosophiques extrêmes, et dont le type d'universalité devrait être ré-évalué positivement et de manière plus immanente. Sa généricité a été mal comprise comme une dégradation ou celle d'un art gris et voué aux archives, albums et portfolios (cf. « littérature grise »). La photo est ou a été un art sociologiquement abaissé, moyen ou dévalorisé. Sa généricité est ambiguë, comme art non pas nécessairement « mineur » ou « moyen » mais comme art devenu « commun » au point d'être un passe-temps des classes moyennes. Il a quelque chose de plat, de reproductible, de simple, c'est une recherche de la transcendance simple comme macroscopique sans parler de l'étiage de la photo-maton. La photo est comprise spontanément en termes platoniciens comme extrême mimesis, copie de la copie, séparée de l'Idée par une grande différence ontologique et une petite différence dans l' apparence.

Il est possible de rebondir sur cette généricité philosophique de dégradation. Au mélange indécis qui croit régler ses problèmes par une décision mécaniste entre sujet et objet, on opposera une autre forme non plus de différence mais de conjugaison indivisible de l'appareil et du monde, la photo-fiction. Il faut traiter de manière complexe la philosophie comme une variable photographique pensée par la quantique et non plus seulement la photographie par la philosophie. La quantique est la re-marque qui pèse sur la conjugaison des variables. On passe de la photographie à la non-philosophie en changeant de niveau ou en passant du contexte logo-photo-centrique à ses variables. La réduction du Principe de Suffisance Photographique (PSP) se fait d'abord par la physique mathématique mais c'est de la fiction, ce n'est pas une réduction matérialiste de la philosophie.

Le modèle standard a une variante importante, psychanalytique et topologique. Il combine, axé sur la topologie sujet/Autre, physique, optique et mathématique, introduisant de l'extériorité par rapport aux images supposées originelles de la perception, un réel qui ex-siste à la perception, en inclusion externe ou en exclusion interne. Classiquement on a le choix entre sujet/Autre et Autre/sujet, syntaxe ou rapport qui se réfléchit indéfiniment en lui-même, c'est le philosophe comme photographe finalement de soi ou comme cercle logo-photo-centrique, le Principe de suffisance photo-philosophique. (PSP). Lacan a voulu sortir de ce cercle en posant un Autre auquel le photographe s'adresse et qui lui renvoie la photo comme inversée. Mais on reste alors dans le point de vue du sujet et de la bipolarité. C'est la matrice de Merleau-Ponty et Lacan, l'axe du sujet/objet-Autre avec réversibilité. La philosophie et la psychanalyse redonnent une image qui « ressemble » à celle du départ c'est-à-dire fait communiquer l'intérieur et l'extérieur. Modèle d'interprétation mixte, langagière et optique, par le biais de la topologie möbienne, problématique classique du Sujet et de l'Autre d'où la photo me revient retournée. Photographier un objet c'est s'adresser au grand Autre qui valide ou non mon entreprise. Ainsi le flash philosophique s'est déployé comme technologie de la photo et cettc fois beaucoup plus proche de la science et de la technologie, mais toujours sous l'autorité dernière sinon de la perception du moins de la transcendance philosophique redoublée.

Comment préparer la sortie hors du modèle standard ? Supposons l'homme comme animal rationnel, par exemple comme un animal photographiant et donc capable de se photographier au détour du monde. Cette entité est le photo-centrisme dont le fameux « arroseur arrosé » donne le paradigme. Supposons de manière plus complexe que ce sujet photographiant et photographié ne soit plus seulement partagé sur deux individus, qu'il soit le genre humain, un sujet générique indivisible=X capable de soutenir ces deux activités, qu'il ait deux propriétés ou deux prédicats, être un sujet et par ailleurs être un photographe. L'acte complet de la photographie est donc un sujet générique=X qui a deux propriétés ou deux variables qu'il conjugue sans que nous sachions encore comment. Il est agent manipulateur ou préparateur et en même temps il est inclus intimement dans le système de la photo, dans le monde photographié, c'est un observateur observé inséparable de ce qu'il observe et qui appartient au même système. D'un coup nous sommes passés de la photo-monde à la photo-fiction. Comment ? En traitant de manière apparemment spéculative la photo comme une matrice, une machine subjective et indivisible à double et non pas à unique entrée, dans laquelle l'appareil photographiant est inclus comme une variable dans l'acte achevé ou complet. Photographier n'est plus un prédicat de l'homme rationnel mais une simple propriété du genre=X.

La photo est comprise traditionnellement comme un lointain reste du Logos rationnel, de la lumière conçue philosophiquement comme diversement partagée entre deux sources, lumière extérieure des choses, lumière intérieure de l'œil. Mais ce reste n'a plus pour nous le statut d'un prédicat logique, il renvoie à deux propriétés, être un sujet, être capable de photographier. En effet puisque l'homme comme photographiant est lui aussi photographié, il faut distinguer, dissocier, rendre non-commutatifs d'une part le sujet générique cherché=X qui n'est ni sujet ni objet de la photographie mais un « non-photographe » quoique pas au sens absolu du terme, et d'autre part celui, le « même » mais pas à l'identique, qui est capable d'être sujet à la fois photographié-et-photographiant, de supporter cette double subjectivité mais incapable de faire deux avec ses propriétés. Il reste au stade du chiasme voyant-visible de Merleau-Ponty même si l'on ne sait pas très bien qui le pense ou le voit et d'où. Le risque est alors de comprendre cette matrice comme auto-photographie, dont le chiasme de la chair n'est pas très loin comme structure bipolaire croisée à l'intérieur de la philosophie qui joue le rôle de troisième terme enveloppant, de contexte universel et auto-englobant. Autrement dit le dédoublement du sujet en photographié et en photographiant est encore trop faible, il y a deux sujets, le générique=X et l'individuel, et deux propriétés possibles liées à l'acte de photographier et nécessaires pour déterminer X autant que faire se peut. Nous avons quitté le paradigme logo-photo-centrique pour la photo-fiction.

Une interprétation « active » ou productive de l'esthétique consisterait à donner une dimension générique à la photographie et à sortir du modèle standard, non pas à l'agrandir de manière macroscopique et théologique mais bien au contraire microscopique ou quantique, une extension générique. Soit encore à abaisser non pas la photo positive mais sa projection philosophique, à passer de la photo positive à la photo-fiction, de l'interne/externe philosophique à la complémentarité unilatérale générique. Les contradictions du photo-centrisme peuvent être résolues et déplacées entre sujet et objet, sujet et Autre, langage et lumière, quelque soit la division invoquée, non pas dialectiquement mais quantiquement. La quantique suppose de privilégier l'aspect lumière et flash dans un recours à la physique et à l'algèbre, et pas seulement au langage et à la topologie.

C'est un effort pour rendre immanent l'acte photographique, l'intérioriser et le rendre réel sans réalisme ni déterminisme externe. Il s'agit de détruire la suffisance perceptuelle et philosophique sans nier la nécessité de la perception, en levant juste la suffisance du double horizon et toutes les apparences de la profondeur. Pour résoudre cette contradiction entre sujet et objet, il faut une nouvelle objectivation supérieure qui commence à prendre comme un tout indivisible « la » photographie avec ses deux pôles complémentaires, et il faut chercher le principe de la connaissance de ce tout qui ne soit pas la dialectique. Il y a un réel et une syntaxe de ce tout indivisible et ils sont d'ordre quantique.

La photo générique est éthiquement orientée-hommes, au service de leur défense, elle fait passer de la photo positive vouée au narcissisme du monde à la photo générique, non pas celle des sujets plutôt que des objets, c'est une différence pratique interdisant de faire communiquer ou commuter les aspects infinis et les aspects finis qui font l'humanité.

L'EXTENSION GÉNÉRIQUE DE LA PHOTO COMME MATRICE-FICTION

La photo-fiction n'est pas un acte technologique et perceptuel de photographier mais un acte théorique « mimant » l'acte matériel mais qui lui est irréductible. La matrice de la fiction est plus complexe que la « simple » photo, elle met en jeu une autre variable qui fait de la photo orientée-quantique justement une opération finalement scientifique. La photo-fiction est une certaine extension ou généralisation dite générique de la photo « simple » ou matérielle. Elle est fondée sur une certaine similitude de fonction, c'est-à-dire de médiation plus ou moins divisible c'est selon, de similitude entre l'appareil-photo et la matrice générique, et sur une certaine altérité plus ou moins « imaginaire » de cette médiation, pour la photo par rapport à la perception, et pour la photo-fiction par rapport à la philosophie. Le principe général de la photo, c'est la fusion (indivisibilité) du sujet-monde et de l'appareil technologique qui produisent ensemble une œuvre commune, la photo, mais fusion surdéterminée par le monde ou sa forme philosophique qui revient une seconde fois et qui repasse sur l'amorce de division, affectant quand même simultanément la fusion indivisible. Le principe de la photo-fiction, c'est la fusion (indivisibilité) du sujet-monde (=la philosophie) et d'un appareil théorique et algébrique (le nombre imaginaire), qui produisent une œuvre commune qui est la photo-fiction, mais fusion sous-déterminée cette fois par l'appareil théorique qui revient une seconde fois et qui ne redivise pas à proprement parler la fusion mais déplace l'amorce de division ou de dualité, la photo-fiction efface cette amorce de dualité ou la transforme en l'indivisibilité d'une complémentarité unilatérale.

Le nombre imaginaire correspond, en le déplaçant, à ce que Lacan appelle le réel ou l'Autre et qui ex-siste au discours mathématique ou extérieurement au langage de la mathématique mais qui est suscité par lui, ici c'est de l'algèbre qui « ex-siste » si l'on peut dire à l'arithmétique « réelle ». L'Autre, ce qui ex-siste ainsi comme impossible, n'est pas l'impossible de/du langage ni le nécessaire de langage ou sa formalisation, mais ce qui est impossible dans ces deux registres ou qui domine cette opposition, le réel est en soi et se dit non pas *comme* mais tel qu'en soi.

La photo orientée-quantique fait fonctionner autrement l'appel à l'Autre, en lui donnant un contenu précis et mathématique et en l'inscrivant dans une matrice comme variable et comme index, donc en complexifiant ses fonctions. Il y a toutefois une rétroaction qui rappelle le retour ou revenir inversé de mon discours depuis l'Autre. Le problème sera alors celui de la double inversion des produits inversés et de leur identité comme apparence de ressemblance entre la photo-fiction et le monde conceptuel ou philosophique qui y est engagé. Le PSP (Philosophique et Photographique) par lequel la photo est toujours finalement réductible à la philosophie et au monde, ne peut être abattu que si la pensée change de contexte et se délivre du contexte philosophique en tant qu'auto-englobant et seulement sous cet angle, que si elle se sépare, comme photographie intellectuelle, de la philosophie comme photo divine et platonicienne faite dans le miroir tout-topologique ou auto-topologique de la mathématique suffisante. Il s'agit d'en faire une variable ou une propriété d'un sujet=X qui ne sera plus le sujet philosophique comme subjectivité absolue mais la matrice générique et quantique, il faut que la philosophie et la technologie deviennent des variables du système=X comme générique, non comme philosophico-technologique ou techno-scientifique, mais comme conjuguant philosophème et mathème qui ne sont donc plus des contextes suffisants mais des paramètres. La photographie est en réalité un découpage sur une enveloppe auto-englobante et philosophique supposée admise, alors que la matrice générique est unifiée par un genre comme niveau de pertinence et qui met fin au déterminisme des rapports entre appareil, photo et esthétique.

Comment s'organise la matrice photo-fictionnelle, l'appareil à penser-photo ? L'acte expérimental de photographier qui est son modèle postural peut à la rigueur admettre une interprétation et une préparation vectorielle (sous-entendue comme déjà implicitement sinon thématiquement onto-vectoriale), c'est une opération sur le monde et l'être-au-monde. Mais la fiction achève de le transformer ou de le reproduire autrement en produisant une photo-fiction, supposant que l'appareil est maintenant une matrice non pas intersubjective mais générique dont les variables sont l'interprétation philosophique et l'interprétation quantique de la photo. Donc la onto-vectorialité peut se dire aussi vectoriellement de la simple photo comme dans « Le concept de non-photographie » mais c'est une interprétation qui anticipe le sens onto-vectorial. Le onto-vectorial est une lecture plus complexe du vectoriel de la photo, ou donne lieu à une interprétation onto-vectoriale de la photographie comme modèle. On passe de toutes façons de l'interprétation optique ou technologique de la photo à son interprétation quantique et plus seulement technologique comme photo-fiction, et inversement. La préparation photographique est positionnelle et technologique et doit pouvoir s'interpréter en termes géométriques de vecteurs et d'abord de variables géométriques, posturales, relationnelles, positionnelles dans l'espace du monde, en supposant que tout dans ces variables soit d'abord interprétable en termes de monde ou d'être-au-monde ou si l'on veut de philosophie ou du moins d'horizon de perception.

Le problème d'une autre variable à côté de la philosophie ou de la phénoménologie pour définir la photo-fiction, variable scientifique ou quantique, est inévitable. La matrice de la fiction en exige au moins deux pour décomposer l'apparence d'unité, de réalité et de déterminisme unitaires que sont l'art et la connaissance ordinaires. Il faut deux variables pour le calcul de leurs produits, si bien que la quantique revient deux fois, une comme variable, une deuxième comme index ou re-marque. Cet index oriente la matrice fictionnelle vers ce qui par sa superposition crée l'équivalent générique d'une conscience réfléchie et produit une connaissance ou une fiction indéterminée, traduite finalement non pas en nombres mais en philosophèmes. Ce sont là les variables du système du sujet=X de la photo-fiction, variables dotées d'un nombre complexe qui les définit comme des vecteurs et comme une amplitude de probabilité. Les deux variables, science et philosophie, semblent pouvoir se dire ensemble du *même objet*, de l'homme ou du sujet=X de la philosophie et de la science, mais la matrice dissout cette apparence d'unité transcendante quand il s'agit de l'objet générique.

Dans la philosophie et son esthétique en effet l'acte photographique même simple a tendance à être décrit, malgré les nuances et les réserves, comme fermé sur lui-même, à revenir en soi et à se considérer comme achevé et distinct ou discontinu. L'esthétique philosophique est descriptive, elle n'est pas productive de son propre objet. En revanche la photo-fiction interprète l'acte photographique plutôt comme vecteur ou flèche que fermé sur soi ou en soi. Il y a bien à chaque photo-fiction des actes de sommation de vecteurs mais ces actes sont eux-mêmes des sommations de vecteurs. De là une structure de vecteur ouvert d'une phase et flottant. Avec la photo-matrice il y a plutôt un flux continu de visions ou de « vues », chacune de ces prises semblant devoir arrêter ou terminer le processus et recommencer à nouveaux frais, alors que c'est juste une activité de « reprise » en fonction d'une variation des conditions spatiales et mondaines de la saisie qui sont des conditions seulement occasionnelles mais non décisives pour définir l'activité de photo-fiction.

Pour la seconde variable de la philo-fiction, ou doit traiter les principes quantiques comme des concepts imaginaires ou des philosophèmes d'origine conceptuelle se rapportant à la théorie quantique, mais isolés génériquement et traités comme des « nombres imaginaires » avec cette seule différence qu'ici les « concepts » remplacent les « nombres ». Tout ce qui est nombre doit pouvoir être dit dans la variable sous forme de philosophèmes même le quart de tour ou nombre imaginaire, car le philosophique subsiste comme concepts qui servent de supports ou de représentations. Quant au nombre imaginaire qui affecte une deuxième fois mathématiquement cette fois, doit-il être traduit aussi en philosophèmes ? C'est ce que l'on fait dans *Philosophie non-standard* où l'index et ses effets génériques sont traduits en philosophèmes, mais qui sont tous des particules prises dans la mouvance ondulatoire.

L'INSURRECTION ESTHÉTIQUE ET L'EXTENSION GÉNÉRIQUE DE L'ESTHÉTIQUE KANTIENNE

L'insurrection onto-vectoriale est un ascender immanent et idempotent de la passivité et non un agir direct ou mécanique sur la double transcendance de la philosophie comme être-étant. L'insurrection se manifeste par un effet de soustraction hétéronome, hétéronome justement par son immanence, sur la transcendance corpusculaire. La soustraction ne porte donc pas sur l'ascender onto-vectorial qui n'a pas de raison ou de pourquoi, mais bien sur la structure complexe de la transcendance, qui, réduite comme simple, est soustraite à sa doublure. Le soustractif n'est pas absolu, il risquerait de virer en auto-soustractif, il est radical.

Dans la photo-fiction tout dans le langage utilisé et qui est d'origine photo-centrique devient inintelligible ou impossible non par excès ou sur-détermination subreptice par le monde, mais par un usage sous-déterminant ou soustractif du plus haut langage, de la philosophie devenue langage ordinaire, ayant perdu son sens le plus ésotérique et le plus sublimé. L'humain est enclin à l'excès mais sans dépassement, à une « insurrection ordinaire » ou générique, une insurrection qui n'est pas nécessairement « révolutionnaire ». La photo est une simulation pauvre du monde le plus brillant et le plus excessif, une insurrection qui abaisse les dominations. Nous devons du coup sous-pratiquer le langage, l'entente et aussi l'énonciation. C'est une pratique proche de celle de la psychanalyse mais orientée autrement, depuis le futur tel un inconscient générique, et non depuis le passé. De là une psychanalyse futurale, celle qui acquiert ou produit un inconscient de sens contraire à l'inconscient inné ou religieux du judaïsme, un inconscient acquis ou générique. Sous-pratiquer le langage philosophique, voire le sous-entendre, ce n'est pas s'abaisser soi-même comme individu, ou du moins c'est penser de manière plus générique c'est-à-dire sans exception. Tout cela semble trop moral mais c'est oublier que la pensée n'est pas uniquement soustractive, c'est l'insurrection comme force additive qui exerce la soustraction sur la double transcendance et le désir d'exception.

Tout devient-il indéterminé dans le résultat ? oui au sens où la transcendance simple qui a perdu sa doublure est juste un clone ou un langage sous-pratiqué, impossible à sur-totaliser, à re-doubler ou à ré-assurer spontanément. Avec cette façon de faire le lecteur est responsable, il peut être conscient de la dualité de l'apparence et de l'en soi, c'est à lui de pratiquer vigilance et discernement. Un retour à la responsabilité comme vigilance contre la décohérence toujours possible, le refus de livrer dogmatiquement au lecteur un résultat achevé ou un produit pré-emballé du dogmatisme autoritaire comme en soi. Pas de mot-valise synthétique, mais des indéterminations non-localisables dans le sens philosophique, une langage porté à son statut le plus simple et suffisamment perturbé pour rendre impossible la forme supérieure de l'expression certaine de soi dans le concept. La philo-fiction est un usage jaillissant et soustractif des moyens de la pensée, des philosophèmes-sans-philosophie, des mathèmes-sans-mathématique et de là de toutes les dimensions de la philosophie débarrassée de sa finalité englobante propre, une insurrection contre les trop grandes finalités supérieures. Le langage est une simple force productive sans ses finalités supérieures et surtotalisantes mais avec ses finalités immanentes, entamées quartiellement. L'artiste de la philo-fiction qui se réfère à la photo, à la peinture et à la musique sait s'arrêter à ce plan insurrectionnel et créatif de l'art, créatif justement parce que ses finalités les plus dominantes sont mises hors d'usage. L'écriture générique et quantique implique que la profondeur extatique soit elle-même écrasée comme le relief sur une photo. Comme si le relief spontané ou doxique de la pensée était anéanti et ressuscité par soustraction insurrectionnelle des mots. C'est tout le problème d'une esthétique non-standard, l'art est une ligne de crête sous-terraine. Le clone de la photo est l'apparence objective du monde mais le monde n'est plus là en personne pour surdéterminer l'apparence. L'art c'est le monde sans le monde, le monde entier mais sans son concept sur-déterminant.

Nous devrions procéder à une généralisation, une extension générique des formules kantiennes qui re-marquent toutes une certaine soustraction ou sous-détermination des transcendances macroscopiques. Toutefois la soustraction kantienne n'est pas opérée au titre de l'immanence insurrectionnelle mais donnée absolument, si bien que la formulation kantienne reste négative et privative, disciplinaire pour tout dire, elle reste dans le cadre macroscopique du rationalisme et sombre dans l'universelle communication.

La soustraction kantienne est géniale, peut-être encore trop absolue dans son esthétique parce qu'il ne prend pas en compte une analyse complète et non-suffisante de la philosophie. Par exemple une connaissance sans concept, une finalité sans fin, un plaisir désintéressé, etc., chaque fois il faut en réalité qu'il y ait un résidu complémentaire de plaisir, de concept, de fin, mais à l'état de clone ou d'apparence objective apporté unilatéralement par les ondes de vécu ou de jouissance (et pas seulement de plaisir comme le croit le rationalisme). L'intérêt, le concept, la finalité, etc. sont déjà redoublés en réalité et forment chaque fois la double bande de Möbius qui est le contenu de l'unité supposée simple à tort des notions philosophiques. Il faut poursuivre et radicaliser la soustraction kantienne de l'esthétique, arracher le « sans » à l'absolu et le concevoir comme radical. Ce n'est pas une soustraction absolue et complètement achevée, une opération fermée, elle est « radicale » ou insurrectionnelle, limitée dans son effet à la sur-transcendance et ne détruisant pas toute transcendance. Le vecteur monte à la surface de la réalité qu'il traverse par un tunnel, avec laquelle il se confond, avant de se prolonger en se retournant sur soi et en créant l'apparence objective d'un en soi. Ce n'est pas une application des Principes de Suffisance Philosophique ou Mathématique, une négation même déterminée, c'est une soustraction d'une couche de transcendance et de finalité, un « sans » ou une privation comme effet positif d'un ascender d'en-dessous ou d'une insurrection générique. On distingue l'insurrection générique et la transcendance achevée et sur-déterminée. Le vecteur est sous-trait au sens où il est l'infrastruture « sous » le trait de la réalité, mais par ailleurs il ascende sans transcender absolument. Cette privation positive est un renversement de la domination philosophique sous la forme de la détermination théorique pour faire sa place à l'indétermination générique. Toutefois l'insurrection ne se substitue pas simplement à la domination mais agit sur elle et la reconduit à ses racines spontanément insurrectionnelles mais qui ont « mal tourné » en sur-transcendance ou sur-totalité.

DE LA FICTION COMME CLONE: DU VECTEUR À LA TRANSCENDANCE

Les platoniciens, Husserl en particulier, parlent d'eidos et d'esquisses de l'eidos ou de la « chose elle-même » comme d'une unité qui transcende et unifie les esquisses. C'est là un excès d'objectivité décalquée du monde. Il y a bien cet apparaître de la chose, même dans la photo, mais la transcendance immanente ou intentionnelle y est elle aussi une esquisse ou mise à plat, elle est virtuelle, pas réelle mais décalquée du réel perçu dans la perception.

On n'interprète pas optiquement et chimiquement le fait qu'une photo soit sans profondeur ou ne soit que virtuelle, une image, mais phénoménologiquement. L'être-sans-relief de la photo est une multiplicité d'images dont la profondeur elle-même est maintenant mise à plat à côté des autres formes. La photo est ici réduite à deux dimensions et sans profondeur extatique, la profondeur extatique est elle-même une image sans redoublement ou réflexion, même la distance est un donné non auto-divisé ou indivisible analytiquement, comme l'apparaître phénoménologique, si bien que chaque fois est un cosmos donné de manière concentrée et poétique, amoindrie ou appauvrie, condensée ou contractée, sans épaisseur ou chair. Même la profondeur du Même ou de la chose est donnée comme une esquisse parmi les autres, comme dans un miroir. L'image est un clone immanent et qui s'explique par l'immanence du flux unilatéral ou onto-vectorial. Voir en-photo est un ascender vécu vers la photo ou l'image en-photo, vers le clone, et il n'est pas nécessaire d'avoir une troisième dimension ou instance pour compter ces deux. La deuxième est perçue non en surplomb mais depuis l'immanence de la première qui lui tient la tête hors de l'eau ou en fait une esquisse. La chose elle-même est privée de son « elle-même » ou de sa transcendance double, c'est-à-dire de sa profondeur perçue qui est toujours en même temps une hauteur. Les deux dimensions ne sont pas ou ne doivent plus être vues « dans un plan » qui serait en réalité la troisième pour une représentation pas tout à fait transcendantale mais positive et à « deux » coordonnées. On distinguera entre 1. la dualité numérique et métrique dans un plan, 2. la dualité perceptive avec profondeur, et son inversion transcendantale, 3. la dualité unilatérale proprement dite, d'origine transcendantale mais privée par positivité scientifique du troisième terme ou du transcendantal, toute l'immanence étant transférée dans le premier terme (le vecteur ou l'onde, la force de vision), si bien que le second terme (la photo comme corpuscule) est lui aussi immanent comme le premier qui est le réel. Leur ensemble est la dualité unilatérale soit côté vecteur soit côté clone. Elle est immanente comme le transcendantal mais c'est une erreur de prétendre la compter pour « un » terme, c'est une immanence, un Un-en-Un qui soutient ou porte le Deux-en-Un (clone en-vecteur). La semblance du clone ou son agir est de créer un effet de ressemblance avec l'en soi du monde ou de la perception. Il y a deux semblants et non un seul comme le croit Lacan, le semblant qu'est le clone lui-même (et qui est la foi originaire de Merleau-Ponty), et le mauvais semblant, celui qui *make believe* à l'en soi.

La complémentarité unilatérale est une déconstruction de l'extase ou de la distance phénoménologique, celle que Michel Henry se donne comme en soi et depuis laquelle il passe à la mystique de l'immanence radicale dans laquelle les affects remplacent les clones du monde, alors qu'il est possible de la déconstruire et de la générer quantiquement en sa transcendance. Nous faisons la genèse de l'esquisse ou l'être-esquisse du clone ou de la photo au lieu de reconstruire le monde avec les esquisses perceptives, au lieu aussi de consumer la réalité du monde dans l'immanence radicale. Pas de machine à deux têtes comme chez Deleuze avec un corps sans organes à l'arrière-plan mais à une tête et une demi-tête. Il n'y a pas de coupure bilatérale mais unifaciale, unilatérale, opérée par une face ou un clone immanent mais plat sous lequel s'annonce un autre vecteur. On peut parler d'indivisibilité, de non-localité ou d'intrication de la photo et à plus forte raison de la photo-fiction, rien n'est divisible métriquement, c'est finalement un chaos d'images elles-mêmes chaotiques, l'ordre cosmique faisant partie du chaos de la photo-fiction.

De là une certaine neutralité générique. A la ressemblance visuelle de la photo, pour ne prendre que celle-ci, contribue son être-plat, superficiel, fluide et aérien qui donne encore le monde en image mais déchargée ou allégée du monde, sans Principe de monde suffisant cette fois, sans sa lourdeur (même le cinéma en 3D est déchargé du monde). La photo a quelque chose de stérile, elle flotte ou erre, ce sont des multitudes angéliques qui errent entre ciel et terre et hésitent à se poser, anges, oiseaux ou feux follets d'un monde allégé de lui-même. La photo est sous-déterminée et non sur-déterminée par accumulation d'esquisses, l'être-photo est sous-déterminé par rapport à une perception, il est neutralisé et aspire à l'être-générique d'un monde devenu paisible, c'est un art dépouillé des prétentions du « grand art » (Nietzsche), et pas seulement du monde. Ce n'est pas un art populaire ou pas plus populaire que la peinture dominicale. Il y a dans la photo l'équivalent de l'aléatoire et du probable, c'est une ontologie faible ou affaiblie, abaissée par rapport aux perceptions auxquelles la photo est d'ordinaire comparée.

La matrice onto-vectoriale de la photo-fiction contient à côté du moment de l'ascender ou de l'insurrection un moment de Trans-, de traversée de la réalité ou de passage par un certain tunnel de l'autre côté, moment qu'il faut isoler pour comprendre le passage à la transcendance proprement dite de l'objet. Le Trans- est une dimension spécifique de la transcendance qui prolonge le vecteur simple et fait apparaître l'objet. Ce moment est fondamental pour donner un statut au devenir photographique de l'extase constitutive de la perception effective d'un objet. Cette profondeur extatique, il faut lui faire un sort particulier dans la phénoménologie de la photo à côté de celui des formes et couleurs et lui attribuer un destin différent que celui qu'elle a dans la perception. Le battement perceptif avant/arrière dans l'expérience extatique ou objectivante disparaît dans la photo mais pas complètement, il reste virtuel comme image de la profondeur ou image de l'extase figée, extatique-fixe. Ce battement de la perception de la profondeur est plutôt réduit ou condensé à même la surface. La sensation de relief que possède encore la photo vient de ce qu'au terme du vecteur celui-ci se dépasse dans un battement virtualisé ou écrasé sur soi. La profondeur extatique ou le Trans- devient un battement figé et réanimé par l'imagination, une fois évidemment donnés un objet et la reprise photographique correspondante. La profondeur perceptive est privée en elle-même sur la photo de toute profondeur, c'est une extase générique ou de surface, une extase-sans-extase.

Mais immédiatement le monde revient et la photo s'arrête là ou s'évanouit dans la lumière du logos et la recognition du monde, la perception ou son apparence se ré-installe sur les ruines de la photo parce que l'appareil conserve et reste technologique, la photo est sur-déterminée par son sujet-monde. En revanche dans la fiction le nombre imaginaire a un effet encore plus perturbateur que la virtualisation, les philosophèmes et les mathèmes reviennent cette fois comme interférents ou superposés jusque dans leur aspect particulaire. Est-ce le clone propre à la fiction par rapport à celui de la photo positive, le degré supérieur dans lequel plonge la photo qui n'était d'elle-même, auparavant, qu'au bord du chaos ? La virtualisation de la profondeur extatique ou de la transcendance réelle, la réduction à l'image est encore une reproduction virtuelle du monde qui conserve certains invariants dans les rapports des figures et qui se justifie ultimement par sa référence implicite au monde qui insiste, *c'est le réalisme et le déterminisme photographique ou ce qu'il en reste en dernière instance* par rapport à la perception. Il y a une réduction dans la phénoménologie de la réalité du monde mais qui résiste ou revient encore comme Principe de Suffisance Photographique. La photo positive ne se comprend vraiment que par l'analyse matricielle, la photo-fiction de la philosophie lorsqu'elle est orientée-monde. Il faut se donner cette matrice orientée dans la description de la photo positive elle-même, celle-ci est la conjugaison de l'appareil (réducteur et virtualisant) et par ailleurs du sujet-thème mais sur-déterminé par le sujet-monde qui est l'invariant final ou le principe de suffisance régnant dans le photo-centrisme. La photo positive est un art standard c'est-à-dire sous la garde suffisante du monde comme tout art, un art de la mimesis à base technologique. Seule l'orientation générique et quantique permet de passer de l'art standard à un art non-standard et d'interpréter en retour le modèle par la théorie.

LES DEUX RÉALISMES

Tout n'est donc pas déconstruit du monde dans la photo concrète et positive. La matrice fait comprendre que la photo elle-même reste une opération philosophiquement surdéterminée, elle ajoute une transcendance supplémentaire ou complexe au contenu noématique de la photo, c'est toujours le retour sur-déterminant du monde, retour cette fois modulé sous une forme technologique et qui n'est pas très différent de celui de la philosophie. La photo conserve les apparences premières comme formes et couleurs, il y a bien un clonage qui renvoie à et s'explique par l'en soi réaliste. La fusion des variables (on peut toujours par comparaison introduire l'appareil dans le processus et le compter pour une variable) est optique ou se fait dans le respect des apparences premières et c'est une fusion du sujet et de l'appareil sous encore le thème ou son primat, donc comme réversibilité des deux, ce n'est pas une déconstruction des apparences mais une manière de les affirmer malgré tout.

De là on peut distinguer deux réalismes, un réalisme réaliste de la photo et un réalisme comme apparence objective de la photo-fiction. La photo, c'est en une seule image un sujet-tout dont l'unité est conservée, transformée par inversion de son image, ce qui suppose la variable de l'appareil que l'on a tendance à traiter comme récepteur neutre alors que c'est une expérience déjà quasi quantique. Avec cette différence entre la photo et sa dimension algébrique et générique de photo-fiction que dans la première on a tendance à interpréter l'appareil comme simple filtre transparent qui écrase pourtant le relief dans l'image, battement compris, alors que la photo-fiction compte explicitement le sujet et l'appareil observateur dans le résultat ou dans l'unique fonction d'onde. La photo-fiction générique reste photo du monde (ou de la philosophie) mais sous-déterminée alors que la photo positive donne le clone mais sur-déterminé par le monde. Certes l'image-sujet ou perçue et son inversion par l'appareil optique sont identifiées—mais non superposées—« sous » l'image-sujet. Celle-ci est dépassée mais conservée en référence au sujet-monde et donc non déconstruite dans son unité réaliste. Pour surmonter cette sur-détermination par le monde-sujet, il faut introduire l'algèbre de la quantique et passer à la photo-fiction qui intègre comme modèle la photo technique sans la détruire mais en détruisant juste le Principe de suffisance photographique qui dérive du PSP.

Dans la philosophie et la photo, l'équivalent du nombre imaginaire est l'Autre et les diverses formes technologiques ou optiques d'imaginaire. Ce n'est pas encore l'imaginaire le plus capable de dépasser le contexte philosophique car il reste dominé par ce contexte, et de le réduire à l'état de simple matériau ou variable principale dans son ordre. C'est moins une question de contenu des variables ou des termes en jeu qu'une interprétation physique des termes comme variables ou comme propriétés, ce n'est pas une question de pure technologie et de sujet, ces noyaux restent en un sens constants, c'est une question de type de matrice, moins technologique seulement que physique e technologique de manière dominante. Pour cela il faut réduire la philosophie à l'état de variable ou de propriété du système=X qui est le genre humain, et d'autre part, mais c'est la même chose, indexer la matrice par ou sur le quart de tour (racine carrée de -1). La photo est sans doute elle aussi à double variable et ressemble à la matrice de ce point de vue. Mais le « sous le sujet » rétablit ou reconduit le contexte philosophique et trompeur de l'apparence de l'en soi réaliste. C'est un réalisme de principe. Alors que dans la matrice générique, le sujet=X, nous par exemple qui construisons ici le dispositif de philo-fiction, n'est qu'occasionnellement photographiant. Il est certes en-dernière-instance homme générique mais comme sujet individuel impliqué dans le dispositif il n'est à son tour connu que comme clone de photographe. Cette installation théorique qu'est la photo-fiction et en général l'art-fiction (qui n'est pas l'art de la fiction mais un genre de même niveau que la science-fiction) a deux types de sujets, le sujet générique=X et le clone individuel du photographe ou de l'artiste.

La matrice générique (non auto- ou hyper-philosophique) exige cette référence à un sujet. Elle doit être indexée ou inclinée, passer de la mathématique positive à une logique soit transcendantale qui peut avoir de très diverses formes) soit immanentale et onto-vectoriale. Indexée non pas à la philosophie une nouvelle fois mais à la quantique comme algébrique car seule la quantique permet un sujet=X générique et non le sujet philosophique qui se confond avec le cosmos et autres entités. La physique simule au moins la subjectivité sous deux formes, générique et clonée, au travers du quantique.

LE CHAOS GÉNÉRIQUE DE LA PHOTO-FICTION

On comparera le destin des propriétés des « images » de l'objet dans l'appareil et dans la matrice. C'est le moment le plus complexe parce qu'il rassemble tous les traits suggérés précédemment, les ressemblance et les différences entre la photo et la photo-fiction c'est-à-dire entre deux types hétérogènes d'image.

Qu'est-ce qui se passe de manière non pas technique mais phénoménologique et opératoire dans l'appareil? Dans la boîte il y a des images et dans la matrice de la photo-fiction il y a des concepts ou des philosophèmes qui se comportent comme des images ou des photos du monde. La philo-fiction est un genre à concepts sur le modèle de l'image ou de la photo mais ce sont plutôt des images ordonnées traditionnellement comme les concepts le sont, avec haut et bas et autres directions. L'idée que les concepts se conduisent ou se comportent plutôt comme des photos, c'est certes un rêve de photographe dans la philosophie, d'une pensée-photo ou d'une photo-fiction qui n'est ni purement conceptuelle comme la philosophie en soi ou auto-positionnelle ni purement quantitative comme la physique brute. Alors à quoi tout cela doit-il être réduit, à quel genre ? La matrice est une boîte quasi photographique avec une certaine inversion et un redressement des images (c'est-à-dire des produits de deux propriétés). Dans les deux cas il est impossible de voir l'événement qui se trame et de prévoir exactement le résultat.

Il y a une inversion type ou parfaite, celle du ruban de Möbius, identité sous forme d'un ruban en état d'inversions alternantes. Ce n'est pas le cas dans la photo, ni dans la superposition ondulatoire qui est une manière de ne pas fixer l'identité comme ruban. La matrice ne fonctionne pas comme un ruban mais comme un demi-ruban ou une onde avec particule. Les deux propriétés conceptuelles (ou respectivement les quantités physiques dans la quantique) du sujet=X ne forment pas un ruban, c'est de la physique et pas de la mathématique, mais elles sont conjugables en des rapports inverses. De là une inversion des produits des variables, et finalement un redressement de l'image ou du concept comme apparence objective de l'objet en soi, de cet objet macroscopique qu'est l'entité philosophique avec ses deux variables. Il n'y a plus alors à se poser le problème de la bonne propriété qui correspondrait à l'image droite ou normale de l'objet perçu comme haut/bas, distinction qui disparaît dans la bande de Möbius, ou qui correspondrait au bon ordre logique de la pensée. Ce sont des propriétés indifférentes lorsqu'elles sont quantitatives, mais y a-t-il réellement des images indifférentes et dépourvues de sens ? Il faut faire abstraction de tout ce qui donne encore du sens aux images photographiques et qui est attaché au statut macroscopique et mondain de la perception et peut-être même de la pensée philosophique sur-totalisée ou à double transcendance. Toutes ces normes ou ces légalités devraient disparaître dans la quantique conceptuelle comme dans le ruban. Toutefois toutes ces hiérarchies seraient remplacées par une non-commutativité des produits et de là, par extrapolation à la photo-fiction, par une grande non-commutativité entre le sujet générique=X et ses propriétés qui ne suffisent plus à la déterminer, sauvegardant ainsi son indétermination.

Dans le moment structurel du Trans- de la transcendance qui prolonge le vecteur et lui donne un objet ou un corpuscule, il y a quelque chose comme un battement - clairement réversible dans la photo - un aller-retour entre forme/fond qui échangent leur priorité alternativement. C'est d'ailleurs seulement à ce niveau déjà dérivé par rapport à la radicalité de l'insurrection onto-vectoriale, niveau du clone supposé isolé comme l'objet dernier ou l'en soi qu'est la philosophie, que se produit l'alternance avant/arrière explicite dans la perception des objets. C'est une réversibilité dérivée propre au clone isolé comme simulacre et où reste Deleuze qui, comme philosophe, refuse toute généalogie radicale sur la base des seuls flux, puisqu'il absolutise la structure anti-oedipienne des « machines désirantes » comme machines alternantes. Mais dans la photo-fiction il y a une inversion des produits ou des deux images (flux/objet partiel) qui sont ici finalement superposées et non pas identifiées dans un « corps sans organes ». Cette superposition onto-vectoriale (qui n'est donc pas une convergence par divergence à l'infini) rend impossible de se représenter perceptivement les vecteurs qui comme nombres complexes ne se « représentent » pas. Si bien qu'il y a un moment final dans la matrice où l'on hésite entre la chose et son image inversée. Le résultat final est la fiction comme image redressée par la matrice, elle ressemble à l'objet original mais en même temps elle concentre cette fois en elle-même une hésitation qui investit l'inversion et le redressement, elle forme une identité imaginaire ou complexe qui est la fiction comme clone et qui sera aléatoire ou ontologiquement probable. La photo-fiction donne quand même une certaine ressemblance avec la philosophie (son « monde » à elle), elle et lui ont une structure commune d'où se reconstituent les apparences objectives qui font immédiatement verser dans l'en soi ou qui font croire (*make believe*).

La générique est une genèse quartielle du clone ou de la fiction, des apparences objectives comme en soi. Quant à la photo positive, elle est semi-quantique et se contente du clone des apparences ou des formes mais ne met pas en morceaux ou en chaos véritable le monde macroscopique. Dans la photo comme dans la fiction, des images ou des concepts sont produits et en un sens ce sont les mêmes mais ils sont interprétables autrement, ce sont toujours les apparences du monde ou des objets et donc sur ce point il n'y a pas de différence. Mais dans la photo ces apparences du monde sont référées au monde dans un rapport réaliste et déterministe certain (PSP) où le monde revient et sur-détermine les apparences objectives, tandis que dans la fiction les images conceptuelles restent des apparences objectives qui ne sont pas vécues comme en soi ou qui ne sont pas réorganisées une seconde fois par l'ordre cosmique. Dans la fiction les apparences objectives sont matériellement les mêmes que dans la photo (celle de la philosophie, puisque la philosophie est la photo d'elle-même) mais elles ne s'auto-confirment pas selon la suffisance, et c'est en cela qu'elles forment un chaos probable par absence du monde ou de sa suffisance, par hésitation ou indétermination. La photo-fiction est un chaos générique ou immanent par soustraction, sans retour de l'ordre suffisant du monde ou du *Principe de Suffisance du Chaosmose* comme chez Deleuze. La photo est un usage encore macroscopique procédant avec des moyens quantiques (problème traité plus haut où son ambiguïté est identifiée) tandis que la fiction est une production générique de la réalité sur la base du réel onto-vectorial, une reproduction générique du monde que la matrice met en chaos indéterminé ou sous-déterminé. Il y a sans doute un rapport entre le sujet perçu, son inversion optique et son rendu ressemblant ou qui crée et produit la ressemblance, et par ailleurs la superposition des nombres imaginaires c'est-à-dire le passage à la photo-fiction. Mais le vecteur est d'ordre virtuel et ne correspond pas à la représentation photo-centrique ou à ce qui se passe de réalité optique dans l'appareil comme dans l'univers.

ETHIQUE DE LA PHOTO, DE LA CONSOMMATION À LA COMPASSION

La philosophie est un redoublement, une projection de ce que nous appelons l'homme générique, le redoublement de sa forme immanente par et dans une transcendance à double étage avec le noyage des humains dans l'humanité cosmique et métaphysique. Son indétermination est captée par la détermination. Le tout-photo généralisé, le photo-centrisme comme vision du monde achève de le disperser dans le monde et comme clone « réaliste » du monde, alors que la photo devrait être réduite à l'état de simple modèle et comprise comme un outil, une force de décollement ou de non-confusion de l'homme et du monde. Une éthique de la photographie la met au service de la défense de l'homme en tant qu'impossible à définir ou à discerner. Il faut regarder la photo d'un point de vue non globalisant mais comme photo-en-Un ou en-immanence, les yeux (mi-)fermés. Bref si la philosophie est une simple puissance ou potentialisation de la photographie, la photo-fiction est une dépotentialisation du logo-photo-centrisme.

La photographie mène le jeu équivoque d'une pitié de mauvaise foi pour le monde, l'histoire, la société, l'actualité. C'est une manière de prendre en un ontologique souci l'étant en son entier pour s'en étonner et s'étonner par exemple qu'il y ait des victimes, comme si les victimes étaient des « étants ». *La photo est la manière dont le monde s'étonne alors qu'elle devrait être celle dont l'homme s'indigne.* La photo-fiction serait plutôt une manière de prendre en humaine pitié plutôt qu'en étonnement le monde, le pauvre monde qui ne cesse de se faire la guerre par photos interposées. Si nous passons à la quantique comme sous-détermination, il devient clairement impossible de donner une définition déterminée de l'homme en tant que générique. La compassion va à cet homme en tant qu'indéterminé, impossible à identifier et improbable. Il est peu étonnant que les photos soient remplies de morts, d'assassinés, d'enfants achevés ou inachevés, de vivants universellement condamnés à mort. De là cette aura de pitié qui flotte sur les photos. Elle révèle d'ailleurs dans la photo le réel sous-déterminé comme celui d'une pensée faible ou d'une faiblesse à exister mais mal utilisée pour des fins excessives. Déchaînée la photo voudrait passer à l'existence mais reste décidément une larve plate. La photo-fiction est le déclin de la preuve ontologique et de l'auto-affirmation, l'effondrement des mécanismes métaphysiques par lesquels les essences passaient à l'existence dans l'entendement divin. Ecrasée par l'actualité de l'existence, la modernité aurait besoin d'air, de possible, « juste une photo » pour parodier Godard.

La photo seule ou conservée en « nuages » (clouds) est tout ce qu'il reste de l'ancestral Logos. Pas seulement le brouillard de Königsberg dont parlait Nietzsche qui voulait revenir à la preuve ontologique sous la forme des simulacres et de leur affirmation. La photo n'est pas un simulacre ou une volte-face, un ruban de Möbius avec ses deux surfaces orientées en sens contraires. Saisie comme fiction c'est un demi-simulacre, moins encore qu'un simulacre qui existe comme Tout partiel et plié, c'est un objet quartiel qui n'existe que comme essence onto-vectoriale faible purement virtuelle qui ne passe pas encore à l'existence ou à la transcendance mais peut en revanche la conduire à s'indigner. La photo est juste un vecteur ou un ensemble de vecteurs additionnés qui ne passent plus à l'existence et doivent la recevoir occasionnellement ou en extériorité. D'elle-même elle s'ajoute à la photosphère et entre dans ce « plérôme ». La photo est un art de la reviviscence, de la résurrection mais faible et réduite à l'insurrection.

Univocal Publishing
123 North 3rd Street, #202
Minneapolis, MN 55401
www.univocalpublishing.com

ISBN 9781937561116

Jason Wagner, Drew S. Burk
(Editors)
This work was composed in Garamond.
All materials were printed and bound
in October 2012 at Univocal's atelier
in Minneapolis, USA.

The paper is Mohawk Via Linen, Pure White.
The letterpress cover was printed
on Neenah Oxford, Black.
Both are archival quality and acid-free.

9 781937 561116